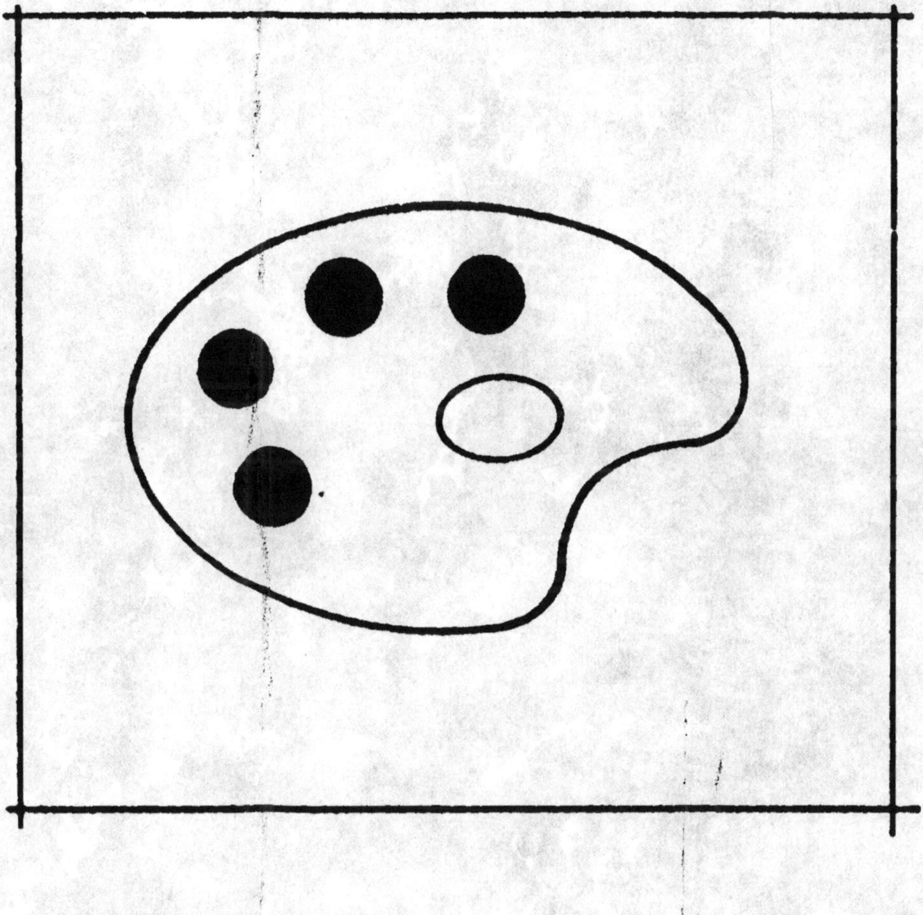

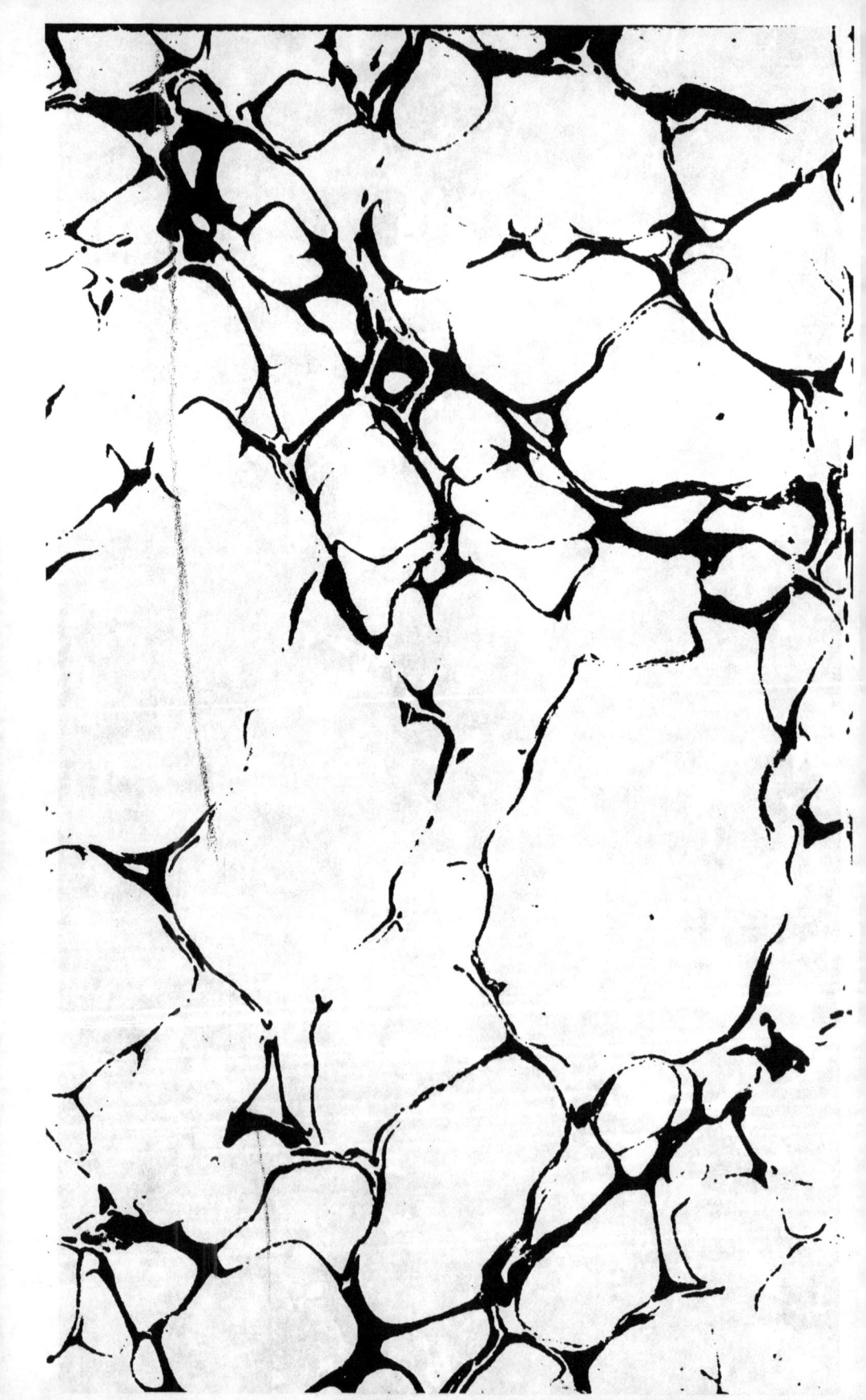

THÉATRE DE CAMPAGNE

NEUVIÈME SÉRIE

Henri Meilhac. — Julien Berr de Turique
Ernest Depré
Paul Gaulot. — Émile Abraham
Daurian. — René Delorme
Philippe de Rouvre. — Fernand Giraudeau
Vicomte de Sollohub.

PARIS
SOCIÉTÉ D'ÉDITIONS LITTÉRAIRES ET ARTISTIQUES
LIBRAIRIE PAUL OLLENDORFF
50, CHAUSSÉE-D'ANTIN, 50
1899
Tous droits réservés

THÉATRE

DE CAMPAGNE

THÉATRE
DE CAMPAGNE

NEUVIÈME SÉRIE

Henri Meilhac. — Julien Berr de Turique
Ernest Depré
Paul Gaulot. — Émile Abraham
Daurian. — René Delorme
Philippe de Rouvre. — Fernand Giraudeau
Vicomte de Sollobub.

PARIS
SOCIÉTÉ D'ÉDITIONS LITTÉRAIRES ET ARTISTIQUES
LIBRAIRIE PAUL OLLENDORFF
50, CHAUSSÉE D'ANTIN, 50
1899
Tous droits réservés

Migüel

COMÉDIE EN UN ACTE

Par Henri Meilhac, de l'Académie française

PERSONNAGES

SUZANNE DE FLIRT.

SOSTHÈNE.

UN DOMESTIQUE.

Migüel

COMÉDIE EN UN ACTE

Un salon chez Madame de Flirt.

SCÈNE I.

SOSTHÈNE. — LE DOMESTIQUE.
(Sosthène entre, introduit par le domestique.)

LE DOMESTIQUE.

Madame prie Monsieur de l'attendre, Madame viendra dans un instant.

SOSTHÈNE.

J'attendrai.

(Le domestique sort.)

SCÈNE II.

SOSTHÈNE, seul.

Au fait, je suis assez content qu'elle ne vienne pas tout de suite... j'ai le temps de me présenter... (*au public en s'inclinant*) : Brindavoine... Sosthène Brindavoine (*parlant pour le public*) Le Romancier ? Le célèbre Romancier ?? (*répondant*) Lui-même ! Sosthène Brindavoine, l'auteur de : « *Réalité plus douce que le Rêve* » le livre qui depuis huit jours est entre les mains de toutes les femmes un peu élégantes... Je viens souvent dans cette maison, je suis un des quatre ou cinq hommes connus, que Madame de Flirt aime à faire voir dans son salon... Je crois même, sans me vanter, pouvoir dire que je suis le ténor de la troupe.. Oui, surtout depuis le succès de « *Réalité plus douce...* », je ne vois pas trop qui pourrait me disputer le titre... Inutile d'ajouter que je suis amoureux de Madame de Flirt, on ne peut plus amoureux... Je suis cependant obligé de convenir que je suis resté plus de quinze jours sans venir la voir... des visites à faire après le succès de « *Réalité plus douce...* », des visites indispensables, des compliments à recevoir, des compliments de toute nature... j'ai un peu oublié Madame de Flirt ; aujourd'hui, je reviens chez elle, mais je suis forcé d'avouer que pour y revenir j'ai une raison... il m'est arrivé quelque chose hier soir... Il faut absolument que je vous raconte cela... Hier soir, j'ai soupé — je ne soupe pas souvent, ayant une santé fort délicate — je ne soupe pas souvent, mais hier soir j'ai soupé... et pendant le souper j'ai prononcé une phrase qui avait l'air de laisser entendre... Certainement je suis bien avec Madame de Flirt, je suis même très bien, mais enfin, la phrase avait l'air de laisser entendre que j'étais un peu plus que bien... et ce n'est pas vrai. (*avec force*) Je vous donne ma parole d'honneur que ce n'est pas vrai ! La situation n'en est pas moins assez délicate... quelqu'un peut venir raconter à Madame de Flirt que je me suis vanté... Tenez, je vais vous la dire la phrase, je vais vous la dire afin que vous puissiez juger vous-mêmes (*entre Madame de Flirt*). Non, je ne peux pas maintenant, je vous la dirai tout à l'heure...

SCÈNE III.

SUZANNE DE FLIRT. — SOSTHÈNE.

SUZANNE.

Enfin vous voilà ! ce n'est vraiment pas malheureux.

SOSTHÈNE.

Le reproche est-il sincère et seriez-vous réellement fâchée ?

SUZANNE.

Certainement je suis fâchée, très fâchée, je n'aime pas que mes amis me négligent et vous me négligez beaucoup... Voilà trois semaines que l'on ne vous a vu.

SOSTHÈNE.

J'ai dû faire des visites à des journalistes pour les remercier des articles qu'ils ont écrits sur « *Réalité plus douce...* »

SUZANNE.

Qu'est-ce que c'est que ça ?

SOSTHÈNE.

« *Réalité plus douce que le Rêve* »... c'est un peu long, alors, quand j'en parle, j'abrége...

SUZANNE.

Vous faites des coupures dans le titre... vous n'avez pas tort, et même, il y a dans le livre certains passages où vous pourriez très bien, sans inconvénient. .

SOSTHÈNE, *troublé.*

Vous ne dites pas cela sérieusement ?

SUZANNE.

Eh ! non, bêta, c'est pour vous taquiner... Donc si vous êtes resté si longtemps sans venir chez moi, c'est que vous êtes allé remercier des journalistes ?

SOSTHÈNE.

Il y avait bien encore une autre raison.

SUZANNE.

Ah !

SOSTHÈNE.

Mais celle-là, je ne vous la dirai que si vous me le permettez... expressément

SUZANNE.

Je vous le permets et au besoin je vous l'ordonne... parlez, j'attends.

SOSTHÈNE, *câlin.*

Souvenez-vous... C'est vous qui avez demandé que je vous fusse présenté... c'est vous qui, une fois la présentation faite, m'avez encouragé à venir vous voir souvent, très souvent.

SUZANNE.

Sans doute... votre talent, votre réputation qui, à chaque livre que vous faisiez paraître, allait toujours grandissant...

SOSTHÈNE.

Je sais bien... vous m'avez appelé et je suis venu, mais je n'ai pu vous voir sans être grisé par votre charme... par votre charme pénétrant...

SUZANNE.

Eh bien ?

SOSTHÈNE.

Alors, il est arrivé ce qui ne pouvait pas manquer d'arriver.

SUZANNE.

Qu'est-ce qui ne pouvait pas manquer ?

SOSTHÈNE.

Je suis devenu amoureux de vous.

SUZANNE.

Et quand vous êtes amoureux vous vous en allez ?

SOSTHÈNE.

Non, mais, enfin... je ne suis pas amoureux de vous comme les autres, moi !

SUZANNE.

Vraiment, vous auriez trouvé une façon neuve ? Dites-moi ça bien vite.

SOSTHÈNE.

Je suis amoureux de vous sincèrement, éperdûment...

SUZANNE, *désappointée*.

Ces deux adverbes joints... Moi qui croyais que vous alliez me dire des choses!.. Mais, mon ami, je vous assure que tous ceux qui sont amoureux de moi le sont de la façon que vous dites : sincèrement, éperdûment.

SOSTHÈNE.

Ce qui est sûr, c'est que vous aimant comme je vous aime, il est insupportable pour moi, quand je viens vous voir, de vous trouver toujours entourée d'une dizaine de personnes.

SUZANNE.

Ah! c'est là le motif?

SOSTHÈNE.

Oui.

SUZANNE.

Vous êtes injuste, mon ami; je ne suis pas toujours entourée... Ainsi, tenez, il me semble qu'en ce moment...

SOSTHÈNE.

Oui, en ce moment nous sommes seuls.

SUZANNE.

Vous voyez bien.

SOSTHÈNE.

Mais combien de temps cela durera-t-il?

SUZANNE, *éclatant*.

Ça par exemple, je n'en sais rien.

SOSTHÈNE.

Nous sommes seuls, c'est vrai, mais je parierais qu'avant cinq minutes le défilé va commencer : le gros d'Erlac, et Saint-Irénée, et le petit Lahirel... et cet Espagnol dont vous vous êtes affublée depuis quelque temps.

SUZANNE.

Migüel... vous ne l'aimez pas ?

SOSTHÈNE.

Je n'aime aucun de ceux qui vous font la cour...

SUZANNE.

Vous êtes jaloux de lui peut-être ?

SOSTHÈNE.

Moi, jaloux de... pourquoi ne me demandez-vous pas si je suis jaloux aussi des deux ou trois académiciens que vous traînez après vous ?

SUZANNE.

Ne disons pas de mal des académiciens... vous pourrez en avoir besoin, monsieur l'auteur de « *Réalité plus douce...* »

SOSTHÈNE.

Vous croyez qu'on pourrait les amener... ?

SUZANNE.

Dame...

SOSTHÈNE.

Je vois pourquoi vous dites cela... Vous voulez me désarmer.

SUZANNE.

Oui, je le veux et pour y parvenir je vais être tout à fait gentille (*elle sonne*). Vous allez voir comme je vais être gentille (*entre le domestique*). Si quelqu'un vient pour me voir, vous ne ferez pas entrer ici, vous ferez entrer dans le grand salon et vous viendrez m'avertir... vous avez entendu ?

LE DOMESTIQUE.

Oui, Madame.

(*Il sort.*)

SUZANNE.

Cela vous suffit-il ?

SOSTHÈNE.

Il eût été plus gentil encore de faire dire que vous n'étiez pas chez vous.

SUZANNE.

Ah ! bien, vous n'êtes jamais content... Ne vous fâchez pas, je vais ajouter quelque chose d'aimable, de très aimable... Si vous n'étiez pas venu aujourd'hui, c'est moi... vous écoutez bien ?

SOSTHÈNE.

Si, j'écoute!..

SUZANNE

Si vous n'étiez pas venu aujourd'hui, c'est moi qui vous aurais écrit de venir demain Hé! c'est mignon, ça?

SOSTHÈNE.

Vous avez donc vraiment quelque peine à vous passer de moi?

SUZANNE

Oui, et puis j'avais quelque chose à vous demander, quelque chose de très important...

SOSTHÈNE.

Quoi donc?

(*Coup de sonnette*)

SUZANNE.

Attendons un peu, il faut d'abord savoir...

(*Rentre le domestique.*)

LE DOMESTIQUE.

C'est Monsieur de Saint-Irénée, Madame...

SUZANNE.

Vous l'avez fait entrer...

LE DOMESTIQUE.

Dans le grand salon, comme Madame l'avait ordonné.

SUZANNE.

C'est bien.

(*Le domestique sort.*)

SOSTHÈNE.

Laissez-le attendre et dites-moi d'abord ce que vous avez à me demander.

SUZANNE.

J'aime mieux commencer par le renvoyer.

SOSTHÈNE, *au moment où Suzanne va sortir.*

Ce n'était pas sérieux, au moins, ce que vous disiez tout à l'heure ?

SUZANNE.

Qu'est-ce que je disais ?

SOSTHÈNE.

Que l'on pourrait sans inconvénient faire des coupures..

SUZANNE.

Mais non, ce n'était pas sérieux... On regrette que ce ne soit pas plus long ; au contraire, je vous assure, on regrette que ce ne soit pas plus long.

(*Elle sort.*)

SCÈNE IV.

SOSTHÈNE, *seul*.

Elle a le goût très fin.. Je puis vous dire à présent la phrase, la malheureuse phrase... Vous savez déjà que c'est dans un souper qu'elle a été prononcée... Nous étions une dizaine d'hommes ; il y avait là quelques-uns de ceux qui ont l'habitude de venir ici... Saint-Irénée, tout justement, mais lui, je n'ai pas peur, il ne dira rien... le gros d'Erlac y était et le petit Lahirel... Il y avait aussi une demi-douzaine de nos enlacées les plus en vogue... Je n'aime pas beaucoup ce monde-là, mais enfin, une fois par hasard... Vers la fin du souper, la conversation devint badine.. On essaya d'établir, avec confidences à l'appui, quelle était la jolie femme de Paris qui embrassait le mieux... On cita des noms... On commença, bien entendu, par ces demoiselles et ensuite, tout naturellement, on passa aux femmes du monde. Ne me demandez pas quels noms furent cités, je ne vous le dirais pas... Ce fut là, malheureusement, que moi — je dois dire, pour ma défense, que j'étais tout à fait parti, je n'ai pas l'habitude de boire avec excès — une qui doit rudement bien embrasser, m'écriai-je, au milieu du vacarme, c'est Madame de Flirt.. Je ne me rappelle pas au juste si j'ai dit : une qui doit rudement bien embrasser, ou : une qui embrasse rudement bien.. Il se fit un grand silence ; je me hâtai d'ajouter que je disais ça, mais je n'en savais rien quant à moi.. Je crois bien que ce fut tout justement cette rectification qui fit tout le mal.. Elle fut reçue par un *tolle* général, chacun croyant ou affectant de croire que j'étais au mieux avec

Madame de Flirt et que, depuis longtemps, je devais savoir à quoi m'en tenir sur la saveur de ses baisers... Je niai, bien entendu, je niai de toutes mes forces, mais je m'aperçus que plus je niais plus on avait l'air de croire... alors, je cessai de nier. Voilà l'aventure, qu'est-ce que vous en pensez ? Croyez-vous que si Madame de Flirt la connaissait, elle pourrait m'en vouloir ? Oui, n'est-ce pas ? Je suis absolument de votre avis et ce qui me fait peur, c'est qu'un jour ou l'autre elle ne peut pas manquer de la connaître ; il se trouvera certainement quelqu'un pour aller lui raconter... Ce ne sera pas Saint-Irénée, il ne raconte jamais rien, lui, mais le gros d'Erlac et le petit Lahirel sont très capables... le premier par bêtise, le second par rosserie... Positivement il me paraît impossible que très prochainement Madame de Flirt ne sache pas ce qui s'est passé... J'ai tout de suite songé à parer le coup, il m'a semblé que pour le bien parer il n'y avait qu'un moyen et que ce moyen c'était... *(entre Suzanne)* — Je ne peux pas, vous voyez, mais nous reprendrons cette conversation.

SCÈNE V.
SUZANNE. — SOSTHÈNE.

SOSTHÈNE.

C'était bien Saint-Irénée ?

SUZANNE.

Sans doute.

SOSTHÈNE.

Il ne vous a rien dit ?

SUZANNE.

Je ne lui ai pas laissé le temps de parler.

SOSTHÈNE.

Vous avez bien fait.

SUZANNE.

Je lui ai déclaré que j'avais des tas de lettres à écrire... Il est parti et je me dépêche de revenir... osez prétendre après cela, que je ne suis pas un ange !

SOSTHÈNE, *s'émancipant*.

Vous êtes adorable.

SUZANNE.

Eh bien, eh bien !

SOSTHÈNE.

Dites-moi maintenant ce que vous avez à me demander.

SUZANNE.

Certainement, je vais vous le dire. Il y a trois mois environ, la baronne de Frette a donné chez elle une représentation. Elle avait bien voulu me confier deux rôles, l'un dans l'« *Étincelle* », de Pailleron, l'autre dans une comédie de vous...

SOSTHÈNE.

« *Aimer c'est souffrir...* »

SUZANNE.

Justement ; vous vous souvenez que dans les deux pièces j'ai eu un certain succès... Tout le monde m'a fait des compliments, et vous m'en avez fait, vous, plus que tout le monde...

SOSTHÈNE.

Je m'en souviens.

SUZANNE.

Réjane... Bartet... Je vous avais rappelé ces deux comédiennes... Bartet avec plus de fantaisie joyeuse, Réjane avec plus de grâce décente... vous vous souvenez de m'avoir dit cela ?

SOSTHÈNE.

Ce sont mes propres paroles.

SUZANNE.

Eh bien, ce que j'ai à vous demander, c'est...

SOSTHÈNE.

C'est ?

SUZANNE.

C'est de me dire si en parlant ainsi vous étiez sincère...

SOSTHÈNE, *avec éclat*

Si j'étais sincère...

SUZANNE.

Oui... ne répondez pas trop vite... réfléchissez avant de répondre.

SOSTHÈNE.

J'étais absolument sincère... qui peut vous faire supposer que je ne l'étais pas?

SUZANNE.

Vous pensiez vraiment ce que vous disiez !... Ce n'était pas simple politesse, une chose dite uniquement pour me faire plaisir?

SOSTHÈNE.

Pas du tout, je pensais ce que je disais

SUZANNE.

Vraiment?

SOSTHÈNE.

Et tous ceux qui vous écoutaient pensaient comme moi... Il me semble que j'entends encore le tapage des applaudissements quand, dans l' « Étincelle », vous expliquiez à Raoul à quels signes on reconnaît l'amour. (Imitant Suzanne) «Non, non, parlez de curiosité...» — Vous savez encore le rôle?

SUZANNE.

Vous faites Raoul, alors?

SOSTHÈNE.

Je fais Raoul.

SUZANNE, *jouant.*

Non, non, parlez de curiosité, de distraction, de caprice, de tous les dérèglements d'une imagination que vous prenez pour du cœur, mais d'amour... allons donc vous n'y entendez rien, mon pauvre garçon...

SOSTHÈNE, *jouant.*

Et pourquoi ?

SUZANNE, *jouant.*

Parce que vous n'avez ni l'émotion qui le fait naître, ni la réflexion qui le mûrit, ni la persistance qui l'impose, ni le sérieux qui l'ennoblit...

SOSTHÈNE.

Bartet... il n'y a pas à s'y tromper... Bartet.

SUZANNE.

Avec plus de fantaisie joyeuse ?

SOSTHÈNE.

Sans doute.

SUZANNE.

Le fait est qu'après cette phrase-là, je me rappelle avoir été très applaudie...

SOSTHÈNE.

Et après le fameux « parfaitement » qui commence la scène... vous l'avez dit ce « parfaitement », vous l'avez dit comme Réjane aurait pu le dire...

SUZANNE.

Avec plus de grâce décente.

SOSTHÈNE.

Parfaitement.

SUZANNE.

Et pourquoi ne parlez vous que de l' « *Étincelle* ». Il me semble que dans votre pièce, à vous...

SOSTHÈNE.

« *Aimer c'est souffrir.* »

SUZANNE.

Il me semble que là aussi j'ai été applaudie... Après la tirade surtout, après la grande tirade de la Corinthi... *(jouant)* Grâce à vous j'ai compris pourquoi les peuples, indifférents à la mémoire de ceux qui ont essayé de leur faire du bien, ne se souviennent que de ceux qui leur ont fait du mal; j'ai compris que le dernier mot du bonheur, comme le dernier mot du plaisir, c'est la souffrance et qu'une femme qui n'a pas souffert par celui qu'elle aime ne peut pas se vanter de savoir ce que c'est que d'avoir aimé, ce que c'est que d'avoir vécu.

SOSTHÈNE

Oui, il y a eu là quelques marques d'approbation.

SUZANNE.

Mais peut-être ai-je eu tort de les prendre pour moi, peut-être s'adressaient-elles seulement à l'auteur, au poète...

SOSTHÈNE.

Non, non, c'était à la comédienne, c'était à vous.

SUZANNE.

Vous êtes sûr ?

SOSTHÈNE.

J'en suis tout à fait sûr... et je puis vous avouer une chose, c'est que c'est tout justement après cette représentation que j'ai commencé de vous aimer.

SUZANNE.

Ah ! ça, mais vous m'aimez donc, décidément ?

SOSTHÈNE.

Ah !

SUZANNE.

Comment alors avez-vous pu rester si longtemps sans venir me dire que vous m'aimiez ?

SOSTHÈNE.

Vous ne devinez pas ?

SUZANNE.

Non.

SOSTHÈNE.

C'est que j'avais peur, si je venais, de me mettre à trop vous aimer... et j'avais bien raison d'en avoir peur... je suis venu et voilà que je vous aime trop... et voilà que maintenant il me sera impossible de rien produire.

SUZANNE, *épouvantée*.

Ne me dites pas ça.

SOSTHÈNE.

Je vous aime... et voyez comme vous êtes bien la femme que je devais aimer... une femme du monde qui a tout le talent d'une comédienne, une comédienne qui a toute la distinction d'une femme du monde et qui l'est par-dessus le marché, et qui l'est... ah! oui, je vous aime... Répondez-moi, dites-moi un mot.

SUZANNE

Ce que je puis vous répondre, c'est qu'en m'affirmant que j'ai un grand talent de comédienne, vous m'avez fait le plus grand plaisir que vous puissiez me faire... Ah! oui, le plus grand!

SOSTHÈNE.

Il ne vous reste, après cela, qu'à courir chez un directeur. *(En riant)* Je ne présume pas, cependant...

SUZANNE.

Vous ne présumez pas?...

SOSTHÈNE.

Dame...

SUZANNE, *après un silence*.

Écoutez-moi, mon ami, je vais tout vous dire.

SOSTHÈNE.

Quel air vous prenez!

SUZANNE.

Je prends l'air qu'il faut.. Écoutez-moi.

(Entre le domestique apportant une carte.)

Il est là?

LE DOMESTIQUE.

Oui, Madame, je l'ai fait entrer.

SUZANNE.

Je sais... Eh bien, j'y vais (le domestique sort). Dans un instant je vous dirai tout... Ne vous impatientez pas, je reviens tout de suite.

(Elle sort)

SCENE VI.

SOSTHÈNE, seul.

Elle me dira tout... Qu'est-ce que ça peut-être? J'étais en train de vous dire, moi, que j'avais trouvé un moyen sûr de me faire pardonner mon bavardage d'hier soir... Ce moyen, vous le devinez, vous avez vu que tout à l'heure déjà je commençais à le mettre en pratique; ce moyen, c'est de me faire, le plus vite possible, aimer par Madame de Flirt, aimer tout de bon, vous m'entendez. Si après cela on vient lui raconter que j'ai été indiscret, elle n'aura garde de s'en fâcher, la chose lui paraîtra toute naturelle... Y parviendrai-je, à me faire aimer? Je l'espère .. D'abord je l'aime... Je l'aime éperdument et sincèrement, et puis le succès de

« *Réalité plus douce...* » — vingt-deux mille en moins de quinze jours... C'est quelque chose cela! Ce qui me plait dans mon moyen, c'est que ma situation est tout justement celle de d'Alvimar dans « *Réalité plus douce..* »... D'Alvimar a cruellement offensé Madame de Morainvilliers et, ce qu'il imagine pour obtenir son pardon, c'est tout justement ..

(Entre Suzanne.)

SCÈNE VII.
SOSTHÈNE. — SUZANNE.

SUZANNE

Enfin, j'ai pu me débarrasser et j'espère que maintenant l'on voudra bien nous laisser seuls, pour quelque temps du moins.

SOSTHÈNE.

Moi aussi, je l'espère.

SUZANNE.

Vous ne supposez pas, disiez-vous tout à l'heure, vous ne supposez pas que l'envie me vienne de m'élancer chez un directeur de théâtre...

SOSTHÈNE.

Certes, non.

SUZANNE.

Vous vous trompez, mon ami, je vais demander un chapeau et nous allons descendre...

SOSTHÈNE.

Nous allons descendre...

SUZANNE.

Nous prendrons une voiture...

SOSTHÈNE.

Bien.

SUZANNE.

Et vous me conduirez chez un directeur... Celui que vous voudrez... Vous me ferez engager... Pour les appointements, je ne serai pas difficile... il me donnera trois ou quatre mille francs par mois...

SOSTHÈNE.

Trois ou quatre mille...

SUZANNE.

Pour commencer... Plus tard nous verrons.

SOSTHÈNE.

Mais on ne donne pas comme cela...

SUZANNE.

J'ai du talent, n'est-ce pas ?... Tout à l'heure, vous m'avez affirmé que j'avais du talent. Je vous ai dit de ne pas vous presser, de réfléchir avant de répondre... vous avez réfléchi et vous avez déclaré que j'avais du talent.

SOSTHÈNE.

Sans doute, mais...

SUZANNE.

Mais quoi ?

SOSTHÈNE.

Prendre une voiture... Aller solliciter un engagement... Vous m'avouerez d'abord que l'idée peut paraître singulière, venant d'une femme qui passe pour avoir cinq ou six cent mille livres de rentes...

SUZANNE.

Cinq ou six cent mille livres de rentes ?

SOSTHÈNE.

Sans doute.

SUZANNE.

C'est Monsieur de Flirt qui les a, moi je n'ai rien du tout. Je me suis mariée sans dot, moi, j'ai été épousée pour mon charme, comme vous dites, pour mon charme pénétrant.

SOSTHÈNE.

Ce brave de Flirt... il a fait cela...

SUZANNE.

Mon Dieu, oui... de sorte que si, pour une raison ou pour une autre, il éclatait entre lui et moi une querelle un peu sérieuse, et si, à la suite de cette querelle, j'étais obligée de sortir d'ici, j'en sortirais avec la robe que je porte .. en supposant que ce brave de Flirt voulut bien me la laisser... dans le cas contraire...

SOSTHÈNE, *badin*.

Eh ! mais...

SUZANNE.

Oh ! ne riez pas... Je vous assure que vous en auriez du regret.

SOSTHÈNE.

Bon ; il faudra veiller alors à ce qu'elle n'éclate pas, cette querelle un peu sérieuse...

SUZANNE.

Elle a éclaté, mon ami...

SOSTHÈNE.

Elle a...

SUZANNE.

Elle a éclaté et je suis perdue.

SOSTHÈNE.

Perdue ?

SUZANNE.

Perdue... Je le serais du moins si vous n'étiez pas là, si je ne pouvais pas compter sur les bonnes paroles que vous m'avez dites.

SOSTHÈNE.

Les bonnes paroles...

SUZANNE.

A propos de mon talent.

SOSTHÈNE.

Ah ! oui... mais voyons, ça a été grave, alors ?

SUZANNE.

Ça a été effroyable... rapide, mais effroyable.

SOSTHÈNE.

Et peut-on vous demander le motif ?...

SUZANNE.

Le motif de la querelle ?

SOSTHÈNE.

Oui.

SUZANNE.

Vous m'obligeriez en ne me forçant pas à vous le dire... J'ai bien quelques petits torts dans tout cela... une femme n'est jamais bien aise d'avouer...

SOSTHÈNE.

Vous aimez mieux que je devine ?

SUZANNE.

Oui, j'aime mieux.

SOSTHÈNE.

Des notes, hé! des notes un peu excessives chez le couturier et chez la modiste... Monsieur de Flirt aura fini par se fâcher...

SUZANNE.

Monsieur de Flirt est incapable, pour une question d'argent...

SOSTHÈNE.

La politique, alors? Elle a brouillé pas mal de ménages, la politique... Monsieur de Flirt a les opinions de sa fortune ; il est aristocrate jusqu'au bout des ongles... tandis que vous... j'ai quelquefois surpris chez vous, avec regret, des admirations centre gauche.

SUZANNE.

Ce n'est pas cela.

SOSTHÈNE.

Non ? Peut-être, dans un moment d'impatience, lui aurez-vous rappelé que sa naissance ne l'avait pas destiné à être aussi aristocrate que cela... Peut-être aurez-vous risqué devant lui quelque plaisanterie sur le bourgeois qui tire son mouchoir quand le faubourg est en deuil .. Cela serait grave, au moins...

SUZANNE.

Vous n'y êtes pas... Vous me rappelez ce personnage de je ne sais quelle comédie, à qui l'on demande d'énumérer toutes les pièces dont se compose une serrure... Il en cite une douzaine et il oublie la clef, tout simplement.

SOSTHÈNE.

Je ne comprends pas.

SUZANNE.

Vous cherchez quel grief un mari peut avoir contre sa femme; il me semble qu'il y en a un qui, d'abord, peut venir l'esprit.

SOSTHÈNE.

Je n'ai pas bien entendu, je suppose...

SUZANNE.

Si fait, hélas !

SOSTHÈNE.

Vous l'auriez ? (*Suzanne fait signe que oui avec un grand geste de contrition.*) Vous l'auriez trompé...

SUZANNE, *entre ses dents.*

Vous y avez mis le temps...

SOSTHÈNE.

Avec un autre ?

SUZANNE

Naturellement, si c'était avec lui, je n'appellerais pas ça...

SOSTHÈNE.

Ce n'est pas cela que je veux dire... avec un autre que m...

SUZANNE.

Ah ! avec un autre que vous !... Oui, mon ami. je l'ai trompé avec un autre que lui, avec un autre que vous...

SOSTHÈNE.

(*Furieux, arpentant la scène pendant que Madame de Flirt reste écrasée.*)

Oh ! oh !

SUZANNE.

J'ai promis de tout vous dire ; vous voyez, je vous dis tout.

SOSTHÈNE.

Le nom .. puisque vous avez promis de tout me dire, le nom ?

SUZANNE.

Le nom ?

SOSTHÈNE.

Oui.

SUZANNE.

Le nom de celui? ..

SOSTHÈNE.

Oui.

SUZANNE.

Vous n'allez pas être content .. Ce nom est celui d'un homme que vous n'aimez pas .. Tout à l'heure encore vous m'avez déclaré que vous ne l'aimiez pas...

SOSTHÈNE.

Ce n'est pas au moins...?

SUZANNE.

Si.

SOSTHÈNE.

L'Espagnol ?

SUZANNE, *d'une voix mourante.*

Lui-même.

SOSTHENE.

L'horrible Espagnol ! !

SUZANNE, *se redressant.*

Vous ne l'avez pas bien regardé ; Migüel a des yeux superbes.

SOSTHENE.

Migüel.

SUZANNE, *avec fierté.*

Oui, Migüel...

SOSTHÈNE.

Comment cela s'est-il passé. . où et quand ?

SUZANNE

Vous voulez des détails ? — Cela s'est passé ici même, il y a deux heures environ .. Je permets à Migüel de venir me voir immédiatement après le déjeuner. J'étais, moi, dans ce fauteuil où je suis maintenant ; Migüel était dans celui sur lequel vous avez la main en ce moment...

SOSTHÈNE, *retirant brusquement sa main.*

Vraiment Miguel était là... et qu'est-ce qu'il vou-disait, Miguel ?

SUZANNE.

Il ne me disait rien, il n'a pas de conversation. Il se contentait de jeter sur moi des regards profonds... Moi je fermais les yeux, je savais qu'il était là et j'étais heureuse... Tout à coup je m'aperçus qu'il avait changé de place. Il couvrait ma main de baisers et sa voix murmurait à mon oreille des paroles... Oh! mais des paroles... *(exagérant l'accent espagnol).*

« No, no es posible que nadie te aya querido como yo... y cuando una muger es amada asi, debe corresponder a tanta pasion... Oh! tu me querras, te lo juro per todos los Santos del paraiso y per todos los démonios del infierno, tu me querras, tu me querras... »

SOSTHÈNE.

Qu'est-ce que c'est que ça ?

SUZANNE.

C'est de l'espagnol.

SOSTHÈNE

Vous savez l'espagnol ?

SUZANNE.

J'ai commencé de l'apprendre le lendemain du jour où Miguel m'a été présenté.

SOSTHÈNE.

Et après ?

SUZANNE.

Après quoi ?...

SOSTHÈNE.

Après, tu me querras, tu me querras.»

SUZANNE.

Après... vous voulez...?

SOSTHÈNE.

Vous avez promis de tout dire.

SUZANNE.

Eh bien, mais... quelques minutes se passèrent encore, puis une porte s'ouvrit et mon mari entra.

SOSTHÈNE.

Votre mari!

SUZANNE.

Oui, mon mari... vous voyez donc bien que je n'ai pas exagéré quand je vous ai dit que j'étais perdue... Heureusement il me reste mon talent...

SOSTHÈNE.

Ah! ah! votre talent...

SUZANNE.

Vous allez me faire engager...

SOSTHÈNE.

Mais vous n'en avez pas de talent, mais vous n'en n'avez jamais eu, mais vous n'en aurez jamais!

SUZANNE.

Qu'est-ce que vous me disiez alors... Réjane... Bartet...?

SOSTHÈNE.

Ah! bien oui, Réjane... Bartet... Mais la plus misérable cabotine, qui aura joué sur un vrai théâtre, jouera toujours cent fois mieux...

SUZANNE.

Vous dites cela maintenant, parce que vous êtes en colère.

SOSTHÈNE.

Ah! ah!

SUZANNE.

Et au fait, je me demande pourquoi vous êtes en colère... que Monsieur de Flirt soit fâché, je le comprends ; mais vous...

SOSTHÈNE.

C'est vrai, il est très agréable pour moi, pour moi qui vous aimais, pour moi qui me croyais dans une situation...

SUZANNE.

Le succès de « *Réalité plus douce...* », c'est convenu.

SOSTHÈNE.

Il est très agréable, le jour où vous vous décidez à tromper votre mari, de vous voir choisir un méchant petit Espagnol.

SUZANNE.

Il grandira, monsieur.

SOSTHÈNE, *aburi*

Hé?

SUZANNE, *air de la Périchole.*

Il grandira, puisqu'il est..

SOSTHÈNE, *heureux, transporté de joie.*

Ah! vous vous êtes moqué de moi!

SUZANNE.

Enfin, vous vous en apercevez.

SOSTHÈNE.

Vous vous êtes moqué de moi... idiot que j'étais...
Ah! que je suis content... vous vous êtes moqué...
(*Il lui prend les mains et les embrasse à tort et à travers.*)

SUZANNE.

Eh bien... eh bien?

(*Entre le domestique.*)

LE DOMESTIQUE.

Madame, c'est monsieur...

SUZANNE, *lui coupant la parole.*

Dans le grand salon, n'est-ce pas, je vais y aller.
(*Le domestique sort.*) Ah! vous êtes gentil, vous, vous
êtes gentil.

(*Elle sort.*)

SCÈNE VIII.
SOSTHÈNE, puis LE DOMESTIQUE.

SOSTHÈNE.

Ça m'est bien égal d'être gentil... J'ai un poids de moins sur la poitrine... C'est que j'y ai cru à l'Espagnol.. il n'y a pas à dire, j'y ai cru... Il y avait bien des moments où ce qu'elle me disait me semblait être un peu raide.. mais, qu'est-ce que vous voulez.. avec les femmes d'aujourd'hui!... Pourquoi s'est-elle amusée à me raconter cette belle histoire ?... Elle avait un motif évidemment... quel motif avait elle ?

(Entre le domestique apportant un livre.)

LE DOMESTIQUE.

Je demande pardon à monsieur... Je profite de ce que monsieur est seul pour rapporter...

SOSTHÈNE, *regardant le livre.*

« Réalité plus douce... » Ah! vous aussi vous avez tort à lire..

LE DOMESTIQUE.

On ne parle que de ça dans la maison.

SOSTHÈNE.

Et quelle est votre opinion, peut-on vous demander?

LE DOMESTIQUE.

Oh! monsieur, c'est envoyé... il n'y a pas à dire, c'est envoyé... Seulement...

SOSTHÈNE.

Seulement?

LE DOMESTIQUE.

Vous parlez d'un domestique qui a son tablier à trois heures de l'après-midi... Jamais à cette heure-là un domestique n'a son tablier.

SOSTHÈNE, *en riant.*

C'est une faute.

LE DOMESTIQUE.

Monsieur ne peut pas savoir... il faut avoir été pris tout petit pour savoir... Ainsi moi à sept ans j'étais domestique... je peux savoir... tandis que monsieur...

SOSTHÈNE.

J'avoue que je n'ai pas été... M. Lahirel n'est pas venu aujourd'hui ?

LE DOMESTIQUE.

M. Lahirel est venu il y a dix minutes... Madame a causé avec lui... maintenant elle cause avec M. Derlac.

SOSTHÈNE, *à part.*

Lahirel... Derlac...

LE DOMESTIQUE.

Monsieur n'a plus rien à me demander ?

SOSTHÈNE.

Non, merci... (*le domestique sort*). Ils sont venus tous les deux... Ils ont dû tout lui raconter. Elle sait tout.. Je comprends maintenant l'histoire de l'Espagnol... Elle s'est fichue de moi dans les grands prix !... Que faire ? J'ai bien envie de me sauver... Non, cela n'arrangerait rien. (*Entre Suzanne.*) La voici et elle sait tout... Il suffit de la regarder pour en être sûr.

SCÈNE IX.

SUZANNE — SOSTHÈNE

Suzanne marche jusqu'à ce qu'elle soit près de Sosthène. Sosthène sans prononcer une parole tombe à genoux.

SUZANNE.

De quoi demandez-vous pardon ? Est-ce de m'avoir brutalement déclaré que je n'avais aucun talent... au risque de me faire du mal en m'enlevant une illusion qui m'était chère ?

SOSTHÈNE.

Non, ce n'est pas...

SUZANNE.

Est-ce d'avoir écouté, sans donner le moindre signe d'incrédulité, sans élever la moindre objection, le récit d'une anecdote... dans laquelle j'avouais avoir joué le rôle d'une pure coquine ?

SOSTHÈNE.

Non.

SUZANNE.

Est-ce d'avoir cette nuit même été raconter dans un souper ?

SOSTHÈNE.

Oui, c'est de cela que je vous demande pardon.. en me prosternant, en regrettant de ne pas pouvoir disparaître dans le plancher....

SUZANNE.

Ah !

SOSTHÈNE.

De toute mon âme, vous savez...

SUZANNE.

Qu'avez-vous dit à ce souper ?

SOSTHÈNE.

Vous tenez à ce que je répète... ?

SUZANNE.

Oui, je tiens à entendre de votre bouche...

SOSTHÈNE, *se relevant*.

A quoi bon, puisque ces misérables...

SUZANNE.

D'abord, je vous défends... Ces misérables m'ont rendu un grand service en m'apprenant de quelle façon mes amis parlent de moi... Qu'avez-vous dit, voyons ?... Il s'agissait de désigner la femme de Paris qui embrasse le mieux..

SOSTHÈNE.

Oui, alors moi j'ai dit : une qui doit bien embrasser, c'est madame... madame de...

SUZANNE.

Madame... moi ?...

SOSTHÈNE.

Oui.

SUZANNE.

Êtes-vous bien sûr d'avoir dit : une qui doit bien embrasser ?

SOSTHÈNE.

Si je suis bien sûr...?

SUZANNE.

Je crois plutôt que vous avez dit : une qui embrasse bien...

SOSTHÈNE, *balbutiant*.

C'est possible.

SUZANNE.

Et l'idée ne vous est pas venue, pour expliquer vos paroles, de dire que vous teniez le renseignement de mon mari ?

SOSTHÈNE, *effaré*.

De Monsieur de Flirt ?

SUZANNE.

Sans doute.

SOSTHÈNE.

Non, j'avoue que l'idée ne m'est pas venue... Pour ces baisers-là, l'usage n'étant pas de consulter les maris.

SUZANNE.

Vous n'avez pas autre chose à dire pour votre défense ?

SOSTHÈNE.

J'étais un peu lancé, jamais sans cela...

SUZANNE, *révoltée*.

Vous plaidez l'ivrognerie... oh !

SOSTHÈNE.

Je ne plaide rien du tout, je m'avoue coupable et je vous demande de me pardonner.

(*Un silence.*)

SUZANNE.

Et en supposant que je sois assez bonne, assez faible... Qu'entendez-vous au juste par ce mot : pardonner ?

SOSTHÈNE.

Ce que j'entends... ?

SUZANNE.

Oui.

SOSTHÈNE.

J'entends que rien dans nos relations ne paraîtra changé... Vous me recevrez comme par le passé... avec un peu plus de froideur hautaine les premières fois, si vous voulez.. Vous ne parlerez à personne de ce qui s'est passé...

SUZANNE.

Aïe... Voilà où nous ne nous entendons plus.

SOSTHÈNE.

Comment ?

SUZANNE.

Ne rien changer à nos relations, je veux bien.. Vous recevoir comme par le passé, j'y consens... Je vous ferai même grâce de la froideur hautaine... mais ne parler à personne... Moi qui comptais, au contraire, raconter la chose à tout le monde...

SOSTHÈNE.

C'est que vous refusez de pardonner...

SUZANNE.

Mais non, je ne refuse pas. Je raconterai que vous vous êtes conduit d'une façon indigne, et que moi, j'ai eu la générosité, la grandeur...

SOSTHÈNE.

Tenez, je vais vous proposer quelque chose.. Ne le racontez pas, et je m'engage, vous entendez, je m'engage à le raconter moi-même.

SUZANNE.

Oh! non, vous atténueriez... vous finiriez par vous donner le beau rôle.

SOSTHÈNE.

Je vous assure que non.

SUZANNE.

Je vous assure que si... vous auriez beau faire, vous ne pourriez jamais... Et cependant, attendez... il y aurait peut-être un moyen de tout arranger. Pourquoi ne feriez-vous pas de tout celà une petite pièce que je ferais jouer chez moi.

SOSTHÈNE.

Une pièce?

SUZANNE.

Oui, de cette façon, vous raconteriez vous-même, et moi, je pourrais contrôler; je verrais si vous dites bien la vérité.

SOSTHÈNE.

Vous voulez que je fasse une pièce avec ça ?

SUZANNE.

Mais oui, avec ça.

SOSTHÈNE.

C'est impossible.

SUZANNE.

Pourquoi impossible ?

SOSTHÈNE.

Parce qu'il n'y a pas de pièce là-dedans.

SUZANNE.

C'est ce qui m'est égal.

SOSTHÈNE.

Mais vos invités ?

SUZANNE.

Mes invités aussi, ça leur sera égal, pourvu que vous les fassiez rire.

SOSTHÈNE.

Il n'y a pas moyen... Si j'essaie de faire quelque chose, ce sera mauvais, ce sera exécrable.

SUZANNE.

Qui vous dit que ce n'est pas là le châtiment ?

SOSTHÈNE.

Si vous avez envie de faire jouer la comédie, donnez plutôt une seconde représentation de « *Aimer c'est souffrir* », vous ferez plaisir à tous ceux qui n'ont pas pu voir la première.

SUZANNE.

J'aime mieux quelque chose d'inédit.

SOSTHÈNE.

Dans : « *Aimer c'est souffrir* » vous reprendriez le rôle de la Corinthi.. ce rôle que vous jouez...

SUZANNE

Comme une carpe, c'est vous qui l'avez dit.

SOSTHÈNE.

Je n'ai pas dit précisément...

SUZANNE.

Eh bien? Est-ce convenu? Me ferez-vous cette pièce? Je ne vous cacherai pas que si vous refusez de la faire, nous resterons fâchés, et fâchés tout de bon.

SOSTHÈNE

Je la ferai, alors, je la ferai...

SUZANNE.

A la bonne heure! Quand l'aurai-je?

SOSTHÈNE, *prenant son chapeau.*

Demain matin. Vous me permettrez bien d'introduire quelques modifications... Dans la scène de l'Espagnol, par exemple, vous me permettrez de ne pas vous faire dire toutes les jolies choses que vous avez dites?

SUZANNE.

J'y tiens, au contraire, j'y tiens absolument.

SOSTHÈNE, *après un silence.*

Ce n'est pas vrai, au moins, l'histoire de l'Espagnol?

SUZANNE, *en riant.*

Mais si fait, c'est vrai.

SOSTHÈNE.

Oh! cette fois, je ne vous crois pas; je refuse de vous croire.

SUZANNE.

Croyez, ou ne croyez pas, cela m'est égal... mais quant aux phrases trop vives que j'ai pu dire, mettez-les... mettez-les toutes.. ajoutez-en si vous voulez, mais n'en ôtez pas, j'ai mes raisons...

SOSTHÈNE.

Quelles raisons?

SUZANNE.

Quand on fait jouer la comédie chez soi, l'on n'a jamais assez de places... Si, dans la pièce que l'on fait jouer, il y a des passages un peu lestes, on en profite pour ne pas inviter les jeunes filles, c'est une rangée de gagnée.

SOSTHÈNE.

Ah bien... J'en mettrai, alors j'en mettrai... Madame...
(Il salue et sort.)

SUZANNE, *le rappelant*.

Monsieur Brindavoine ! Monsieur Brindavoine ! (*Sosthène rentre.*) N'en mettez pas trop cependant.

SOSTHÈNE.

N'ayez pas peur — madame.
(Il salue et sort.)

SUZANNE, *le rappelant*.

Monsieur Brindavoine .. Monsieur Brindavoine... (*Sosthène rentre.*) Mettez-en autant que vous voudrez !

Rideau.

DU BERGER A LA BERGÈRE

COMÉDIE EN UN ACTE

Par Julien Berr de Turique

PERSONNAGES

GONTRAN.
GERMAINE.
UNE DOMESTIQUE.

DU BERGER A LA BERGÈRE

Petit salon à la campagne. Portes à droite et à gauche. Porte à droite au fond donnant sur un parc. Fenêtre à gauche au fond donnant également sur le parc. Chaises, fauteuils, un canapé sur lequel sont posés un paletot et une valise. Petit bureau avec tout ce qu'il faut pour écrire. Housses sur les meubles.

SCÈNE PREMIÈRE

GONTRAN, GERMAINE

GONTRAN, finissant de boire son café et allant poser sa tasse sur la cheminée.

Excellent, ce café... comme tout le diner, d'ailleurs.

GERMAINE

Dame... j'ai tenu à te gâter ce soir. C'est un peu de malice de ma part... pour te faire regretter la maison pendant ton absence...

GONTRAN, prenant Germaine par la taille.

Ce n'est pas la maison que je regrette, quand j'en suis éloigné... c'est toi.

GERMAINE

Comment peux-tu le savoir ? C'est la première fois que nous nous séparons depuis notre mariage.

GONTRAN

C'est vrai... la première fois... (*Un temps; montrant la valise qui se trouve posée sur le canapé à côté du pardessus.*) Alors, ma chérie... tu as bien voulu vérifier toi-même ?...

GERMAINE

Oui, mon ami... Tout y est... Linge... vêtements... nécessaire de toilette... Tu ne manqueras de rien pendant ces deux jours...

GONTRAN, tout en caressant la joue de Germaine.

Ma chère petite femme ! — Alors, franchement, tu n'es pas fâchée contre moi ?

GERMAINE, riant.

Pour cela, il faudrait que je fusse sotte ou sans cœur. Caen n'est pas si loin. Puisque ta tante est malade... le moins que tu puisses faire est d'aller la voir...

GONTRAN

C'est bien ce que je me dis... (*Soupir.*) Ah ! sans cela !...

GERMAINE

Certes... je ne m'amuserai pas follement pendant ton absence... Toute seule ici, en pleine campagne, sans voisins...

GONTRAN

Tu liras un peu...

GERMAINE

Quoi ? Des romans ? Ils se répètent tous. Quand on en a lu un, c'est comme si l'on en avait lu dix.

GONTRAN

Les journaux alors.

GERMAINE

Ils se démentent à qui mieux mieux. Quand on en a lu dix, c'est comme si l'on n'en avait lu aucun.

GONTRAN, souriant.

Alors tu te contenteras de penser à ton mari.

GERMAINE

A tout prendre, ce n'est pas encore une occupation si désagréable !

GONTRAN, au public.

Est-elle gentille ! Vraiment, je ne mérite pas !...

GERMAINE

Bien que je ne la connaisse pas, ta tante, — car, soit dit sans reproche, la première fois que tu m'as parlé d'elle, hier, c'était pour m'apprendre qu'elle se trouvait à l'article de la mort, — cela me fait quelque chose de la savoir dans cet état.

GONTRAN

Que veux-tu ? Elle se laissait oublier, la pauvre créature. — Si peu encombrante ! — En voilà une qui n'occupait jamais les gens de sa personne.

GERMAINE

Voyons, n'en parle pas déjà au passé. Elle n'est peut-être pas encore tout à fait perdue.

GONTRAN

Heu ! heu ! à soixante-seize ans...

GERMAINE

Soixante-seize ?... Tu m'avais dit soixante-dix, ce matin.

GONTRAN, embarrassé.

Ah !... Je... tu crois ?...

GERMAINE

Je suis sûre... Il est vrai que c'était ce matin... et, depuis ce temps-là, elle a eu le temps de vieillir...

GONTRAN

Enfin... soixante-dix, soixante-seize... c'est à peu près le même prix... Et, à cet âge-là, quand on commence à dégringoler la pente...

GERMAINE

Ce n'est pas une raison. On en voit de plus vieux...

GONTRAN

Je sais bien... qui remontent sur leur bête.

GERMAINE

Voyons, Gontran... Songe à la personne de qui tu parles.

GONTRAN

Oui... cette pauvre bête... (*Se reprenant.*) cette pauvre tante...

GERMAINE

Au fond, nous ne connaissons pas sa maladie et la vieille bonne qui t'a écrit, pour te prévenir, s'est peut-être alarmée à tort...

GONTRAN, poussant un soupir.

Ah ! je ne demanderais qu'à te croire !

GERMAINE

C'est dommage que tu aies perdu sa lettre. J'aurais tant voulu me faire moi-même une idée...

GONTRAN, geste de fouiller dans ses poches.

Oui... c'est stupide. Je ne sais pas ce que j'ai bien pu faire... (*A part.*) Pourvu surtout qu'elle ne mette pas la main dessus !

GERMAINE

Je te l'avoue... plus j'y pense, plus je trouve étonnant que, depuis ton mariage, elle n'ait pas donné signe de vie, cette tante-là !

GONTRAN

Et encore, tu vois... la première fois que cela lui arrive, c'est quand elle est sur le point de la perdre.

GERMAINE

Comment se fait-il aussi qu'elle ne nous ait pas envoyé le moindre cadeau de noces ? Rien ? Pas la plus petite pince à sucre.

GONTRAN

Elle estimait peut-être, et avec raison, que c'est plus commode à prendre avec les doigts. D'ailleurs, elle était pauvre, la tante Durand.

GERMAINE, étonnée.

Durand ? Je croyais que c'était Dupont.

GONTRAN, vivement.

Non... non ! Durand... Je t'ai dit Durand.

GERMAINE, riant.

Tu dois savoir mieux que moi... C'est que j'aurai mal compris...

GONTRAN, à part.

Diable ! je ne suis pas sur un terrain solide... (*Haut, regardant sa montre.*) Eh ! eh ! huit heures et demie... J'ai à peine le temps.

GERMAINE

Eh bien, va, mon chéri... Va... Passe ton costume de voyage... Il ne faut pas te mettre en retard.

GONTRAN

Oui... tu as raison... (*Il va jusqu'à la porte, se retourne, contemple sa femme, et à part.*) C'est canaille tout de même, ce que je fais là ! (*Revenant à Germaine.*) Embrasse-moi, veux-tu ?

GERMAINE, l'embrassant.

Sans me faire prier !

GONTRAN

Si tu savais ce que ça m'ennuie de partir... De te laisser ici... Vrai ! si je m'écoutais !...

GERMAINE

Alors ne t'écoute pas !

GONTRAN

Dis un mot !... un seul ! et je reste !

GERMAINE

Mais non... je ne le dirai pas ! Quelle opinion aurais-tu donc de moi si je faisais passer mon plaisir avant ton devoir ? Certes, je ne te le cache pas, si c'était uniquement pour ton agrément que tu partais, tu ne me verrais pas si résignée !... Et je vais plus loin même, si c'était pour affaires, afin d'augmenter nos revenus, je crois bien que je te dirais : « Nous nous plaisons tant ici, tous les deux !... N'allons pas pour un peu d'argent nous supprimer quelques jours de ce bonheur !... » Mais ce n'est pas le cas... Il y a des obligations dans l'existence... et, si ta présence doit procurer quelques moments de douceur à cette digne femme...

GONTRAN, l'embrassant.

Tiens ! tu es un ange ! (*Au public.*) C'est bête... j'ai des remords.

GERMAINE

Eh bien, voyons... tu restes là... tu vas manquer ton train...

GONTRAN

Bah ! laisse-moi le manquer ! (*Un temps, la regardant amoureusement.*) Je t'assure... j'ai envie de le manquer... Je te trouve charmante en ce moment. (*Il lui caresse la joue.*)

GERMAINE, le repoussant doucement.

Voyons, Gontran... Tu n'es pas raisonnable... Pense à ta tante...

GONTRAN, même jeu.

Tout à l'heure... j'ai bien le temps !

GERMAINE, même jeu.

Non !... Quand on a une tante malade... Car enfin, tu as une tante, n'est-ce pas ?

GONTRAN

Dame... (*A part.*) Je suis bien obligé de la garder maintenant !...

GERMAINE

Et elle est malade ?

GONTRAN, après un moment d'hésitation.

Bien sûr...

GERMAINE, avec fermeté.

Alors j'exige que tu ailles auprès d'elle... (*Un temps.*) La seule chose que je puisse te permettre pourtant...

GONTRAN

Quoi ?

GERMAINE

C'est de m'emmener.

GONTRAN, vivement.

Mais c'est impossible !

GERMAINE

Pourquoi ?

GONTRAN, cherchant à expliquer.

Mais comprends donc... la fatigue du voyage... l'émotion... Et puis, ce n'est pas seulement ça... Rien qu'à te voir, la pauvre femme comprendrait tout de suite la gravité... Par ta seule présence, tu serais capable de l'achever ! Non ! mais te vois-tu avec une mort sur la conscience !

GERMAINE

Je resterai à l'hôtel, voilà tout.

GONTRAN

A l'hôtel ? Mais tu ne connais pas les hôtels dans cet affreux trou !

GERMAINE

Un trou ? Caen ? Une ville réputée pour la beauté de ses monuments, de ses églises magnifiquement restaurées.

GONTRAN

Justement... Voilà la différence... On les restaure les églises. Mais les hôtels, on ne s'y restaure pas... Epouvantables, je te dis ! Des lits d'un dur ! C'est comme des planches. Et une nourriture ! Tu reviendrais avec une maladie d'estomac... Je ne parle même pas du manque de propreté... On demande un tub... C'est un bol qu'on vous apporte... Et des petites bêtes qui grimpent partout et qui vous piquent !... Ce qu'il y en a ! Ce qu'il y en a dans le pays !

GERMAINE

Soit. Pars donc seul.

GONTRAN, à part.

Ouff !...

GERMAINE

Mais pars, alors... Va, mon ami... Va...

GONTRAN

Eh bien, oui... C'est entendu... Je m'apprête. (*A part.*) Moi qui tout à l'heure encore me faisais une fête à l'idée de cette escapade... C'est curieux... Je ne suis plus en train du tout. (*Il sort.*)

SCÈNE DEUXIÈME

GERMAINE, seule.

Cher Gontran ! Comme il m'aime ! Jusqu'à vouloir renoncer pour moi à ses plus chères affections de famille ! Ah ! je puis dire que j'ai eu la main heureuse avec mon mari ! Et je serais bien coupable si je ne l'adorais pas de mon côté ! (*Elle fait quelques pas dans la pièce et se trouve devant la fenêtre.*) Temps humide, ce soir... C'est de la pluie qui s'annonce. (*Elle redescend en scène.*) Pourvu que Gontran ne s'enrhume pas pendant le trajet ! Il est si imprudent ! (*Prenant le paletot placé sur le canapé à côté de la valise.*) Voyons... a-t-il au moins son foulard ? (*Elle fouille dans la poche.*) Non. (*Fouillant dans l'autre poche.*) Ici, peut-être... (*La main toujours dans la poche du paletot.*) Qu'est-ce que c'est que ça ? (*Elle sort une lettre et lit.*) « M. Gaston Dordanne, à Dammartin, par Tigeaux (Seine-et-Marne). » (*A elle-même.*) Je ne connais pas cette écriture. Tiens ! si c'était le mot de la vieille bonne... Gontran qui le cherche partout ! Eh ! je ne serais pas fâchée de connaître exactement les termes... (*Lisant.*) « Mon bon vieux... » (*Au public.*) Un peu familière, cette vieille servante... Enfin, elle a dû voir Gontran tout petit... (*Continuant.*) « Est-ce donc une raison parce que te voici marié pour rompre complètement avec tes anciens amis ? » (*Au public.*) Evidemment, elle est dans le vrai, cette brave créature, et Gontran aurait dû déjà retourner chez sa tante et même m'y mener. (*Continuant.*) « Tu nous manques à tous ! Nous t'appelons à tous les échos. Gontran ! Gontran ! Ohé ! ohé ! » (*Au public.*) Style vif et pittoresque... Je ne déteste pas ça. (*Continuant.*) « Plus de folles fêtes depuis ton départ. Nous sommes plongés dans le marasme. Bref, nous éprouvons le besoin de nous secouer ! Et, dans cette intention, nous avons organisé pour demain une partie monstre... » (*Au public.*) Bizarre ! quand il y a une malade dans la maison... (*Continuant.*) Hector, Armand, Philippe, Antoine, enfin tous tes anciens camarades seront là, en compagnie panachée, bien entendu. » (*S'arrêtant de lire et au public.*) Hein ? (*Continuant.*) « Rendez-vous minuit tapant au café de la Paix, cabinet n° 12. Si donc la présence de quelques jolies femmes ne t'effraie pas et si, quoique marié, tu n'es pas devenu tout à fait ramolli, trouve un moyen pour t'échapper et viens vider avec nous quelques coupes de champagne. Tu ne me feras pas croire qu'un garçon aussi avisé que toi n'ait pas toujours en réserve, quelque part en province, une vieille tante imaginaire dont l'état désespéré puisse, à propos, donner prétexte à un départ précipité. — Ton vieux copain, Oscar Chauvel. » (*Laissant tomber ses bras.*) Oh ! (*S'affalant dans un fauteuil.*) Ah ! (*Se mettant à marcher dans la pièce avec agitation.*) Ah ! non ! ça ne se passera pas comme ça ! Et il croit que je vais le laisser partir ! Ah ! mon ami, tu gardes en réserve des vieilles tantes malades afin de pouvoir vider des coupes de champagne en compagnie panachée ! Eh bien, attends un peu... Je vais te le frapper ton champagne ! Et nous verrons la figure que tu vas faire quand tu sauras que j'ai tout découvert ! (*Elle s'arrête après réflexion.*) Oui... mais voilà la question : vaut-il mieux jouer cartes sur table ? (*Un temps.*) Je le vois d'ici... Il ne me laissera même pas le temps de me fâcher. Il s'excusera... Il me jurera qu'il se repent... il me prouvera que ses intentions étaient pures... qu'il ne s'agissait que d'une escapade sans conséquence... Il m'embrassera... et, — c'est comme si j'y étais déjà, — je me laisserai convaincre, et je pardonnerai à bras ouverts... Bien heureux encore si ce n'est pas moi qui lui demande pardon pour avoir douté de lui ! (*Un temps.*) Alors la leçon ? Car je veux qu'il reçoive une leçon... et une de ces leçons qui lui enlève à tout jamais l'idée de recommencer ! (*Un temps.*) Quel moyen ! Il doit y en avoir plusieurs... Je n'en ai besoin que d'un seul... Mais il faut qu'il soit bon. (*Quelques pas dans la pièce.*) J'y suis ! (*Avec joie.*) Oui... oui... Je la tiens, ma vengeance ! Je la tiens bien ! (*Elle s'assied devant le bureau et écrit.*) « Monsieur, je crois de mon devoir de vous avertir que vous êtes odieusement trahi. » (*Au public.*) Si sûr qu'un homme soit de sa femme, quand il reçoit une lettre dans ce goût-là, il y a des chances pour que ça lui arrête sa digestion. — (*Continuant à écrire.*) « Profitant de votre absence que vous lui aviez annoncée dès hier, Madame votre épouse a donné rendez-vous ce soir... » (*S'arrêtant et au public*). A qui pourrais-je bien avoir donné rendez-vous pour que ça ait un petit air arrivé?... Nous ne recevons personne ici... Et, ma foi, depuis quinze jours, sauf ces officiers qui sont venus cantonner pendant les manœuvres... (*Contente d'avoir trouvé.*) C'est ça... Parfait... (*Continuant à écrire.*) « ... rendez-vous ce soir à un capitaine de hussards. Cet officier, à qui la gymnastique la plus périlleuse est familière, doit sur le coup de neuf heures et demie sauter par-dessus le mur du jardin, du côté du potager, afin de ne pas donner l'éveil au concierge et pénétrer dans votre maison par la porte du salon qui aura été laissée ouverte à son intention. — Un ami ! » (*Après avoir relu d'un coup d'œil rapide.*) Très bien... L'écriture est suffisamment déguisée. L'enveloppe maintenant. (*Écrivant.*) « M. Gontran Dordanne, à Dammartin, par Tigeaux (Seine-et-Marne). » (*Elle sonne.*) Et maintenant, nous allons rire ! (*A la domestique qui entre.*) Voici une lettre que je trouve ici. On a dû oublier de la donner à Monsieur avec le courrier... Portez-la lui dans sa chambre.

LA DOMESTIQUE, prenant la lettre.

Bien, Madame.

GERMAINE, au public.

Réponse du berger à la bergère. Je suis assez

curieuse de voir la figure que va faire mon seigneur et maitre, tout à l'heure, en rentrant. La colère d'abord. (*Jouant la scène.*) — Madame, vous avez osé ! Et comment se nomme-t-il, votre capitaine de hussards ? que je le tue ! Car je vais le tuer, Madame ! — Moi, je prends naturellement mon air le plus innocent : — Mais, mon ami, j'ignore ce que tu veux dire... Quel capitaine de hussards ? Nous en connaissons donc dans le pays ? — Inutile de feindre, Madame ! On ne me trompe pas, moi ! Je vous dis que vous attendez un homme ce soir ! — Un homme ? Mais, mon chéri, sais-tu que tu m'effrayes... Serait-ce ton inquiétude sur la santé de ta pauvre tante qui troublerait tes facultés ? (*Voyant Gontran qui paraît.*) Attention ! voici l'ennemi.

SCÈNE TROISIÈME

GERMAINE, GONTRAN

GONTRAN, à part.

Non ! je ne veux pas le croire !... Avec un front si pur !

GERMAINE, tout naturellement.

Ah ! te voici prêt, mon ami ?

GONTRAN, amabilité forcée.

Oui, ma chérie, oui... Je suis prêt... Et je vais partir.

GERMAINE, à part.

Ah ! il préfère cacher son jeu. Système du retour à l'improviste. Soit. (*Haut.*) Veux-tu que je t'aide à passer ton paletot ?

GONTRAN, froidement.

Volontiers, ma bonne amie.

GERMAINE

Mais qu'est-ce que tu as? Cette mine attristée... C'est à cause de ta tante, sans doute ?

GONTRAN, énigmatique.

Probablement.

GERMAINE

Et aussi un peu à cause de moi... parce que tu me laisses seule. Tu es si bon. Mais, je t'assure, tu as tort de te faire du souci à mon sujet... car, réflexion faite, je compte m'ennuyer le moins possible pendant ces deux jours.

GONTRAN, se contenant.

Ah !

GERMAINE

Mais oui... Une femme a cent mille moyens de se distraire sans son mari...

GONTRAN, à part.

Me narguerait-elle ?

GERMAINE, allant chercher la valise.

Là... la valise maintenant. Dépêche-toi. Juge donc, si tu allais manquer ton train !

GONTRAN

Cela te contrarierait ?

GERMAINE

Oui... Je ne te le cache pas... Maintenant que je suis faite à l'idée de ton départ...

GONTRAN, à part.

Ce n'est pas possible, mais je veux en avoir le cœur net tout de même ! (*Haut.*) Alors je te dis au revoir.

GERMAINE

Au revoir, mon chéri. Tu ne m'embrasses pas ?

GONTRAN, se contraignant.

Comment donc ! plutôt deux fois qu'une ! (*A part.*) N'éveillons pas ses soupçons. (*Haut.*) A bientôt. (*A part, en sortant.*) Elle ne se doute pas de ce que ce bientôt veut dire ! C'est peut-être un drame qui va se passer ici ! (*Il sort.*)

SCÈNE QUATRIÈME

GERMAINE, l'accompagnant jusque sur le seuil et criant.

Au revoir ! au revoir ! bon voyage ! (*Elle le suit des yeux, et à elle-même.*) Le voici parti... pas loin

— Oui c'est bien cela... Il prend l'allée à gauche. Maintenant il tourne à droite et contourne le massif. Cette ombre qui se profile... Parfait. Monsieur se dirige du côté du petit bois. Il y entre... C'est pour s'y cacher. Amuse-toi bien, mon ami! (*Redescendant en scène.*) Très bien, quand il sera resté ainsi en faction pendant une heure ou deux, j'imagine qu'il commencera à la trouver moins drôle. (*Allant à la fenêtre.*) Voyons s'il est toujours à la même place?... Oui. Aucun bruit de pas. Il doit me voir à cette fenêtre; cette lampe fait office de phare. Tant mieux. Il croit que j'attends mon hussard. (*Étendant la main au dehors.*) Eh! eh! il commence à pleuvoir. (*Regardant le ciel.*) Oh! oh! un éclair! Un autre! Oh! ce que ça tombe! Non, mon ami, ce n'est pas le champagne qui coule ainsi à flots... C'est la bonne pluie, la bonne pluie de campagne, châtiment des maris volages!... Hein? commences-tu à trouver qu'on serait tout de même mieux à couvert et bien assis à côté de sa petite femme? Oui, n'est-ce pas? Eh bien, reste là-dessous, mon ami... reste là-dessous... et profite de la situation pour faire un peu ton examen de conscience! (*Redescendant en scène et allant à la cheminée.*) Neuf heures. Je suis tranquille maintenant; le train est parti. (*Retournant à la fenêtre.*) Mais c'est un véritable orage! Le pauvre garçon va être affreusement trempé! Je ne peux pas pourtant lui laisser attraper une fluxion de poitrine! — (*Comme si elle parlait à Gontran.*) Allons! tu vois ! je suis bonne et je te permets de rentrer. (*Allant fermer la porte aux trois quarts.*) Là, laissons la porte entr'ouverte, comme il est convenu. Et maintenant, bonsoir, Monsieur ! (*Elle va prendre la lampe et sort à droite. La pièce reste dans une demi-obscurité.*)

SCÈNE CINQUIÈME

GONTRAN, il entre au bout de quelques instants, avec d'infinies précautions. Il est trempé.

Plus de lumière, ici. Elle doit l'attendre dans sa chambre. Et la porte est restée entr'ouverte... Pas de doute possible, l'auteur de la lettre anonyme était bien renseigné. Et quand je pense que j'ai été sur le point de déchirer ce papier sans le lire ! Oh ! ma vengeance ! Elle sera terrible ! (*Enlevant son chapeau et se secouant.*) Quelle pluie ! quelle pluie ! Ah ! je me souviendrai longtemps de cette station dans le petit bois ! (*Il enlève son pardessus et l'étend sur une chaise.*) L'orage continue de plus belle ! Tant mieux ! Il faut qu'il soit mouillé aussi, l'autre ! (*Désignant la porte de droite.*) Elle est là, l'infâme, attendant le signal convenu... (*Un temps.*) Il doit être en route, le hussard ! (*Tirant un petit revolver de sa poche.*) Dépêche-toi, mon garçon... Dépêche-toi... Tu ne soupçonnes pas la réception qui t'attend ! Elle sera chaude, la réception. (*Brandissant son arme.*) Et avec du feu ! (*Examinant le revolver.*) Mais il est plein d'eau, ce revolver... Il ne partira jamais dans ces conditions-là. (*Avec résolution.*) Bah ! si le canon de l'arme est mauvais, la crosse en est bonne encore... et mon bras est solide ! Un coup bien appliqué sur la tempe ! (*Regardant la pendule.*) Neuf heures un quart. Encore un quart d'heure à attendre...(*Se promenant de long en large.*) Il fait froid ici. (*Éternuant.*) Atchum! atchum ! — Ah ! diable, si j'éternue comme cela, Germaine viendra voir qui est ici. (*Éternuant de nouveau.*) Atchum ! atchum ! (*Il prend son mouchoir et le colle sur sa bouche pour étouffer le bruit.*) Atchum ! atchum ! C'est bête, ça, de ne pouvoir se retenir. Je suis glacé. Si je courais un peu dans la chambre pour me réchauffer ! (*Il fait le tour de la pièce en courant.*) A me voir courir ainsi, se douterait-on que je suis un mari décidé à venger son honneur ? J'ai plutôt l'air de faire la chasse aux papillons. (*Il tousse.*) Bon!... je tousse maintenant ! Activons la circulation du sang ! (*Il court de plus en plus vite.*) C'est curieux... j'ai beau courir, je sens toujours un froid dans le dos et sur les épaules. (*Se tâtant.*) Je comprends... C'est parce que ma jaquette est trempée. (*Tout en courant, il enlève sa jaquette et la lance sur une chaise.*) Comme cela, je suis à peu près à sec... A sec, mais tout nu... Et ce vent qui vient par la porte... (*Il veut aller fermer, mais se ravise.*) Non... Si je ferme, je n'entendrai pas le hussard arriver... Et il faut que je l'entende ! Allons ! je n'ai qu'une chose à faire : courir encore... courir toujours. (*Il recommence à courir et tourne dans la pièce comme un désespéré. Au bout de quelques tours, il se laisse tomber sur un fauteuil.*) Ah ! je n'en puis plus ! (*Neuf heures et demie sonnent.*) Il est en retard. On dirait qu'il le fait exprès ! C'est inconcevable vraiment, quand on a rendez-vous avec une dame ! Tout se perd... jusqu'à la politesse la plus élémentaire... Ah ! de mon temps !... (*Essayant vainement de s'empêcher d'éternuer.*) Atchum ! atchum ! atchum ! Si je pouvais seulement boire quelque chose de chaud ! Ah ! dix ans de ma vie pour un grog ! (*Frissonnant.*) Décidément, je ne me sens pas bien du tout. (*Il est pris d'une quinte de toux.*) Sûr... ça va finir par une fluxion de poitrine. (*Se levant.*) Si je pouvais me couvrir, seulement ?... Mais avec quoi ? Ah ! une idée ! Ces housses ! (*Il enlève précipitamment les housses des meubles et s'en fait des couvertures.*) Je dois avoir l'air ainsi d'un personnage d'opérette. Bah ! tant pis ! J'ai l'habit d'un grotesque, mais je n'en ai pas l'âme ! (*Avec fureur.*) Mais arrive donc, hussard de malheur ! arrive donc ! (*Se laissant tomber sur le canapé.*) Je n'ai plus la force de me soutenir seulement ! (*Ses dents claquent.*) Mon Dieu ! que je suis donc malade ! Le sommeil me prend... (*Essayant de se redresser.*) Non ! je ne veux pas !... Je... (*Sa tête retombe sur le bras du canapé. Il s'endort.*)

SCÈNE SIXIÈME

GONTRAN, GERMAINE

GERMAINE. Elle entre sur la pointe des pieds,
par la droite.

Je n'entends plus rien... Serait-il parti ? (*Elle avance et aperçoit Gontran étendu.*) Non... il dort (*Gontran éternue.*) Mon Dieu ! Une explosion ! (*Elle se recule, effrayée. Nouvel éternuement. Elle comprend et se rapproche.*) Il n'est pas permis d'être aussi enrhumé !... (*Elle est tout près de Gontran à présent et le regarde.*) Pauvre diable ! Il est horrible, ainsi fagoté ! (*Un temps.*) Je ne peux pourtant pas le laisser dormir dans cette tenue de Mardi gras ! (*Elle ressort sur la pointe des pieds et revient un instant après avec des couvertures. Au moment où elle rentre, Gontran éternue formidablement. Mouvement instinctif de recul chez Germaine.*) Non, c'est plus fort que moi... Je ne m'habituerai jamais à ces manifestations-là ! (*Elle enlève délicatement les housses dont Gontran s'était couvert et les remplace par des couvertures.*) Là... il est décidément moins laid ainsi... et il aura plus chaud. (*Elle lui couvre la tête.*) Cette calotte maintenant... Allons, comme ça, nous sommes presque présentable. (*Elle fait le tour du canapé, s'appuie au dossier du meuble et contemple son mari endormi.*) Et il rêve peut-être en ce moment ?

Est-ce du hussard ou de ces dames du café de la Paix ?

GONTRAN, *lançant ses poings en l'air tout en dormant.*

Oui, Monsieur... nous nous battrons !

GERMAINE

Ah ! ah ! Il paraît que Monsieur a pris les choses au tragique... J'aime mieux cela... (*Se penchant vers lui.*) Mais dis-moi donc au moins que tu souffres, vilain mari, que tu es jaloux, que, lorsque tu as lu cette lettre anonyme, ton sang n'a fait qu'un tour ! Et ce n'est pas seulement dans ton amour-propre que tu as été atteint, n'est-ce pas, mais aussi dans ton amour ?... Car je sais bien que tu m'aimes, malgré tout, malgré ta légèreté, malgré ton désir d'amusements et de nouveautés... Et, si je t'avais laissé partir, le plus ennuyé des deux, je crois bien que ça aurait été toi... Ah ! méchants hommes que vous êtes... Comme on vous détesterait... si l'on pouvait se passer de vous ! (*Gontran est pris d'une quinte de toux.*) Allons ! la tisane que j'ai préparée doit être bouillante à présent ! (*Elle sort et revient avec un bol fumant, qu'elle pose sur le bureau. Puis elle va vers Gontran et le réveille doucement en l'embrassant sur le front.*)

GONTRAN, *qui a saisi Germaine à plein bras.*

Ah ! je te tiens, misérable ! Je ne te lâche plus !

GERMAINE, riant.

Bon... j'en prends note. Et c'est tout ce que je demande...

GONTRAN

Hein ?

GERMAINE

Allons ! avale ça tout de suite... Évidemment ça ne vaut pas le champagne du café de la Paix.

GONTRAN

Quoi ? Tu savais ?

GERMAINE

Oui... Allons ! bois vite... ou j'appelle mon hussard ! (*Elle éclate de rire.*)

GONTRAN, se redressant.

Comment ?... Tu... Je... Alors... le hussard ?

GERMAINE

... Du même pays que la tante... (*Lui tenant le bol.*) Mais bois donc ! (*Gontran éternue.*) Là... j'en étais sûre !...

GONTRAN

Ah ! ma chère femme !... Ah !... J'aime mieux ça tout de même !... Laisse-moi t'embr... (*Nouvel éternuement.*)

GERMAINE, le faisant boire.

Ah ! non ! Par exemple ! Pas avant que ton rhume soit fini ! Ce sera ta punition !

Rideau.

REFRAIN D'ANTAN

COMÉDIE EN UN ACTE

Par Ernest Depré

PERSONNAGES :

MATHURINE
ARMANDE

La scène se passe sous Louis XV.

REFRAIN D'ANTAN

Un salon

SCÈNE PREMIÈRE

ARMANDE, seule.

(*Elle entre tenant un rôle à la main. — Lisant.*)

« O mon Lucas ! Votre absence me coûtera la vie : Je meurs de n'être pas à vous. » (*Répétant.*) O mon Lucas, votre absence me fera mourir... (*S'interrompant.*) Non. (*Cherchant.*) « Votre absence. » Ah ! votre absence me coûtera la vie... me coûtera la vie... (*Jetant le manuscrit avec rage.*) Eh ! bien, non, je n'apprendrai jamais stupidités pareilles ! C'est se moquer, en vérité ! Me donner comme paysans ces bergers embaumés qui se meurent gentiment d'amour, et vouloir me faire jouer une Cloé précieuse qui se pâme au son du chalumeau ! Certes, je ne la jouerai pas !... Et l'auteur dira ce qu'il voudra !... Et aussi madame de la Popelinière !... (*Elle a repris le manuscrit sur lequel elle jette un coup d'œil.*) Peuh ! Ça, des paysans ? Je les connais, Dieu merci ! je... (*Regardant autour d'elle d'un air inquiet et baissant la voix*). J'ai vécu dix ans parmi eux... assez pour m'en souvenir... Et si je me mêlais d'écrire une pastorale... je ne mettrais pas tant de façons pour leur faire dire : je t'aime ! Mais je ne m'en occuperai certes pas... et l'on se passera de moi le mieux du monde !... (*Appelant.*) Lisette ! (*Prenant une feuille de papier à lettre.*) Je vais envoyer un billet pour me dégager. (*Appelant.*) Lisette ! (*Elle va pour sonner.*) Bon ! étourdie que je suis ! J'oublie que je suis sans femme de chambre depuis hier !... Madame de Vandreuil m'avait pourtant promis de s'en occuper ! Quant à ce manuscrit (*Elle va pour le jeter, puis s'arrête frappée d'une réflexion*). Au fait, si je répétais avec l'accent de mon pays ? J'en sais qui seraient fort étonnés... Pour cela, il me faudrait employer ce langage rude, plein de saveur... que j'ai presque oublié... avec ceux qui me l'apprenaient jadis... Il me faudrait le patois que ma mère parlait... ma mère que je n'ai plus revue... Bah ! J'ai bien fait en somme !... Elle m'aurait suivie et j'aurais été ridicule. Où est-elle maintenant ? Elle doit me croire morte... et cela vaut mieux ! Au moins, ne se rappellera-t-elle de moi que l'enfant naïve qu'elle berçait le soir en chantant :

(*Chantant*)

Dansez les fillettes,
Dansez les garçons,
Quand les filles sont en fête.
Les amoureux sont contents !

(*Elle s'arrête et éclate de rire.*) Ma foi, cela doit être fort plaisant et me voici dignement occupée ! Si l'abbé m'entendait, il me ramènerait au bon sens..., une fois dans sa vie. (*On frappe.*) Comment ? c'est lui ! Déjà ? (*Elle court à la glace et lisse sa coiffure. Puis revient s'asseoir.*) Entrez ! (*Entre Mathurine.*) Ah !

SCÈNE DEUXIÈME

ARMANDE, MATHURINE

MATHURINE

Pardon ! c'est-y-vous qu'êtes l'actrice ?

ARMANDE

Qui êtes-vous ?

MATHURINE

Mathurine, pour vous servir.

ARMANDE

Et vous demandez ?

MATHURINE

Je vous demande si c'est vous qu'êtes l'actrice ?

ARMANDE

Certainement, mais...

MATHURINE

Alors, ça va bien. (*Elle pose à terre un carton, des paquets et se retrousse les manches.*) Là. Queu besogne faut-il que je fasse pour commencer ?

ARMANDE

Vous vous trompez ! Ce n'est pas ici...

MATHURINE

C'est vrai, je ne vous ai pas mis le papier. (*Elle fouille dans sa poche et en tire un billet qu'elle essuie avec sa manche.*) Il n'est pas ben propre. V'là huit jours qu'il se promène dans ma poche ; mais on doit pouvoir lire tout de même.

ARMANDE, jetant un coup d'œil sur la lettre.

Comment vous êtes la femme de chambre que m'adresse Mme de Vandreuil ?

MATHURINE

Femme de chambre, domestique ou pour faire la cuisine, ce sera comme il vous plaira : je n'ai point de préférence. Et puis on m'a dit que vous trouveriez toujours moyen de m'employer.

ARMANDE

Est-ce que vous avez déjà servi ? Chez qui ?

MATHURINE

Chez ma tante, une paysanne comme moi où j'étais pour m'occuper des bêtes.

ARMANDE, joyeuse.

Justement !... une paysanne ! Vous êtes une paysanne ? une vraie ?

MATHURINE

De père en fils, oui, Madame.

ARMANDE

Ah ! que je suis contente ! Asseyez-vous, ma brave fille !

MATHURINE

Merci ben, Madame, j'suis point lasse.

ARMANDE

C'est égal, asseyez-vous. (*Mathurine s'asseoit.*) Ou plutôt non... Venez donc ici... plus près ! (*Elle l'amène sur le devant de la scène.*) Est-elle gentille dans son costume, avec sa petite croix d'or au cou !...

MATHURINE, à part.

Quoi qu'y lui prend à me faire tourner comme un toton ?

ARMANDE

Et son bonnet !... Et son jupon rayé !... Et ses bas !... Voyons bas ? (*Elle lui soulève la jupe.*)

MATHURINE

Oh ! mais, oh ! mais, vous m'chatouillez !

ARMANDE, sautant de joie.

Ah ! elle a des sabots !... Mais oui ! Sont-ils mignons ! (*Regardant Mathurine.*) Est-elle drôle à me regarder avec ses grands yeux ?... (*Elle rit.*) Vous ne savez plus où vous en êtes, n'est-ce pas, Mathurine ?

MATHURINE

Mais si, Madame, mais si ! (*A part.*) Si j'y comprends quelque chose !

ARMANDE

J'irai moi-même remercier Mme de Vandreuil de ne m'avoir pas oubliée !

MATHURINE

Mon Dieu ! Madame, v'là comme ça s'est fait. Mme de Vandreuil se trouve être ma marraine... autant dire que je suis sa filleule. En me voyant débarquer à Paris, elle m'a dit comme ça : « Veux-tu servir chez une actrice ? Tout de même, que j'ai dit ! Ça te fait-y rien, qu'elle m'a répondu ? Ça me fait plaisir que j'y fais ! Ça doit toujours être moins pénible que de moissonner ou de mener aux champs les bestiaux. Maintenant à vous de me dire si j'sommes faites pour nous entendre.

ARMANDE

Peut-être !

MATHURINE

Alors ça va ben. Cependant à une condition.

ARMANDE

Laquelle ?

MATHURINE

J'aurai à travailler de quoi ne pas m'ennuyer, pas vrai ? Toutes les ouvrages, les petites et les grosses. Parce que, dans nos campagnes, j'gagnons ce que j'mangeons.

ARMANDE, à part.

J'gagnons ce que j'mangeons !... Quelle saveur ! (*Haut.*) Oui, oui, soyez tranquille, je vous occuperai.

MATHURINE

Et puis, faut encore que je vous dise : vous m'expliquerez ce que c'est que ça qu'une actrice ? C'est-y une honnête femme ?

ARMANDE, embarrassée.

Mais certainement : une actrice, c'est une femme... comme moi.

MATHURINE

Ça ne prouve rien. J'en ai connu qui avaient cet air-là, sans en avoir la chanson. Et ma tante m'a défendu de fréquenter ces sortes de monde, parce que la vertu dans nos pays... c'est comme qui dirait notre pain quotidien.

ARMANDE

En vérité ! (*A part.*) Mon Dieu ! moi qui oubliais...

(*Elle ouvre la porte du fond et appelle.*) Jasmin! si l'abbé venait, vous le feriez attendre.

MATHURINE

L'abbé!... Oh! faites excuse à mes questions, Madame, du moment que vous recevez des messieurs du clergé... L'abbé! v'là qui dit tout! J'vous prends!

ARMANDE, riant.

Alors, ça va ben! (*Mathurine reprend ses paquets.*) Vous partez.

MATHURINE

Pargnié! je m'en vas travailler! Vous ne voulez pas que je reste les bras croisés à rien faire!

ARMANDE

Non... Ecoutez... j'ai à vous questionner encore. Vous ne m'avez pas dit de quel pays vous êtes?

MATHURINE

Oh! d'un petit village de rien du tout à une quarantaine de lieues de la capitale : Bellechaume qu'on appelle.

ARMANDE, tressaillant.

Belle chaume? Ah!

MATHURINE

C'est-y que vous le connaissez?

ARMANDE

Moi? oui... non... c'est-à-dire si... Je l'ai vu plusieurs fois en passant, après des chasses en forêt... J'allais souvent chasser... j'aime tant la campagne.

MATHURINE

Et moi donc! On respire le bon air et les animaux sont si heureux au grand soleil!

ARMANDE

Et puis les paysans sont de si braves gens!

MATHURINE

Je vous en réponds!... Ah! ça, puisque vous avez passé par là-bas, nous v'là en pays de connaissance! Tenez! j'demeurions dans le haut du village, tout contre la maison à Cadet-Plançon que vous devez ben vous rappeler...

ARMANDE

Oui... je me rappelle... une petite maison basse... pas loin d... d'une autre... enfin... tout à côté... (*A part.*) Mon Dieu! je n'ose pas lui parler de maman...

MATHURINE

C'est ben c'te là, oui... du côté des Etangs, quoi!

ARMANDE

Les étangs de Saint-Ange?

MATHURINE

Vous y êtes... avec des bois taillis tout autour... et des poissons !... Dieu ! j'en avons-t-y mangés que j'prenions tout vivants et frétillant parmi les herbes !...

ARMANDE

Et sur le bord des sources que de fleurs des champs fraîches écloses, que d'oiseaux voletant par les grands chênes !..

MATHURINE

Sans compter sous les fagots de biaux petits serpents prêts à s'enfiler sous la mousse !...

ARMANDE

Et l'été quand venait la saison des fraises, que de bonnes journées passées à la recherche des fruits mûrs dont nous emplissions joyeuses les poches de nos tabliers.

MATHURINE

Tiens ! vous aviez des tabliers comme nous ?

ARMANDE

Comme vous ?... non certes... mais en étoffe de soie très chère... avec des ornements... oui, des ornements et... et des dentelles.

MATHURINE

Ah ! je disais aussi !... Car enfin... toutes grandes dames que vous êtes, avant de mettre des tabliers de toile et des bonnets, il aurait fallu vous enlever ce que vous avez dè planté sur la tête..., vu que ça ne vous rend pas jolie.

ARMANDE, courant à la glace.

Comment ! pas jolie ?

MATHURINE

Pour ça, non ! les amoureux ne doivent pas s'échauffer à courir après vous..., à moins que ce ne soit le goût de ces messieurs de par ici... mais alors, je m'étonne que monsieur l'abbé n'y trouve rien à redire, rapport à la coquetterie.

ARMANDE

Je le vois chaque jour et ne suis que ses conseils.

MATHURINE

Et il n'est pas ébahi de tous vos affutiaux ! Et il vous laisse faire !... Parguié ! Le curé de cheux nous ne s'y prend pas à deux fois pour sermonner les filles et faudrait pas s'aviser de s'attiffer le dimanche autrement qu'avec une pâquerette à la coiffe et une berloque à l'oreille !...

ARMANDE

Comment avez-vous dit ?

MATHURINE

J'ai dit : avec une pâquerette à la coiffe et une berloque à l'oreille.

ARMANDE

Une berloque ?

MATHURINE

Oui, Madame. (*A part.*) Quoi qu'elle a donc à me faire répéter ? Est-ce qu'a serait devenue sourde ?

ARMANDE, à part.

Une berloque, c'est bien ça ! La bonne chose que le souvenir... (*Haut.*) Ainsi monsieur le curé n'a qu'à parler pour qu'on lui obéisse... il faut qu'il soit bien aimé dans le pays ?

MATHURINE

Oh ! oui, Madame ! Lui et une pauvre vieille bonne femme, une sainte, quoi ! qui loge en face la mare, et vit toujours toute seule depuis le malheur qui lui est arrivé...

ARMANDE

En face la mare ?... Ah ! je sais... Vous voulez parler de la mère Denis ?

MATHURINE

Tout juste ! Vous la connaissez ? Ainsi ! croyez-vous que sa réputation est venue jusque par ici !

ARMANDE

Elle vit donc toujours... la maman Denis ?

MATHURINE

Toujours ! Mais si vous ne l'avez point vue depuis longtemps vous auriez de la peine à la reconnaitre !...

ARMANDE

Ah ! elle est très changée ma... Mathurine ?

MATHURINE

Songez-donc ! avoir eu autrefois une petite fille mignonne comme un chérubin, se dire « maintenant, je peux vieillir; j'ai quelqu'un pour me remplacer » et la voir s'en aller à Paris, sous prétexte de devenir une dévergondée et une pas grand' chose !...

ARMANDE

Oui...

MATHURINE

D'abord le chagrin lui a fait pousser les cheveux tout blancs... tenez, quasiment comme les vôtres, avec c'te différence qu'on voit ben que vous êtes jeune et que vous vous arrangez exprès avec des pommades !... Donc, se trouvant abandonnée, elle s'est prise d'amitié pour les enfants des autres.. mais je n'vous dérange pas à bavarder ?

ARMANDE

Non ! oh ! non...

MATHURINE

Alors, ça va ben! Elle ne pouvait donc pas faire un pas dans le village sans être aussitôt suivie par un tas de gamins à l'affût d'une noix ou d'une pomme verte. Et quand les parents s'en allaient aux champs, elle prenait les petiots, les tout petiots, et durant la journée on la voyait sur la place, tourner en rond pour les amuser, en chantant un vieil air du pays.

ARMANDE, chantant.

Dansez les fillettes,
Dansez les garçons... »

MATHURINE

Oh! Madame, puisque vous savez ce que je veux dire, ne la chantez pas, je vous en prie; ça me fait trop gros au cœur! C'te chanson-là, voyez-vous, a été pour moi la fin de mes amours... Car je peux dire que j'ai aimé, oui... J'ai aimé comme une grosse bête!... Et vous, Madame?

ARMANDE

Moi? non, jamais.

MATHURINE

Autant de gagné, alors! Vous êtes ben heureuse! Le malheur, c'est que quand on est assottée de quelque galant, en v'là pour le restant de la vie. Mais comment se fait-il que jeune et jolie comme vous êtes, ça ne vous soit jamais arrivé?

ARMANDE

Je ne sais pas ce qu'il faut faire pour aimer.

MATHURINE

Oh! parguié! ça vous vient quasiment tout seul et j'vas vous conter tout fin trait comme j'nous y sommes pris. C'était un soir d'été, en revenant de la moisson. Il y avait point de lune et j'avais sorti quérir un siau à la fontaine... Quand j'aperçois tout auprès queuque chose qui grouillait dans l'ombre. C'était mon bon ami. (*Elle prend ses paquets et les dispose sur le devant de la scène.*) Voyez-vous... la fontaine était comme qui dirait là... et j'étions tous deux dans ce coin-là... Car il faut vous dire qu'il m'avait boutée à son côté avec de grosses caresses dans le cou, que j'en voyais plus clair!... « M'aimes-tu, que je lui dis. » J'crais ben que je t'aime, qu'il m'a répondu. Et rien qu'à c'te parole, j'ai senti comme un grand frémissement qui m'a couru du haut en bas et j'étais aussi heureuse que s'il m'avait fait un biau cadeau le jour de ma fête!... Eh ben! vous voyez que ça n'est pas malaisé. (*Elle remporte les paquets.*)

ARMANDE

Et après?

MATHURINE

Après? Bédame, après... on aime, v'là tout! Seulement faudrait être raisonnable et ne point se

laissez entortiller par le biau langage et les manières.
Ah! le brigand! j'aurais pourtant dû me méfier de
ses amitiés et de ses caresses, mais j'en étais toute
sotte et j'en avais l'esprit tourné, ni plus ni moins
que si je ne pouvais plus m'en passer ; avec ça que
je nous voyions qu'en cachette dans l'après-dîner!
Le soir donc j'finissais mon ouvrage quatre à
quatre, et ma tante n'avait pas plus tôt le dos
tourné que fttt, je prenais ma course drait à la
haie du verger, le cœur battant comme une cloche,
écoutant si je n'entendais pas le signal.

ARMANDE

Ah! vous aviez un signal! (*A part.*) Comme c'est
gentil tout de même!

MATHURINE

Oui, justement c'te vieille chanson de tout à
l'heure ; nous la savions tous les deux et il la chan-
tait comme un vrai rossignol. Ça voulait dire: Me
v'là! J'peux-t'y venir ? Là-dessus je dégoisais le
second couplet, ce qui signifiait: Viens donc! Y
a rien qui empêche!... Si bien qu'on ne pouvait
pas soupçonner queuque manigance. Mais un biau
soir, va t'promener!... J'ai eu biau tendre l'oreille
et me tourner du côté du vent, pas plus de chanson
que sur ma main !... Et depuis ce temps-là... je ne
l'ai plus revu... jamais !... Ah! si les hommes
savaient ce qu'ils nous font souffrir, ils ne seraient
pas si coureurs et si enjôleurs!... Me voyez-vous,

chaque jour que Dieu faisait, attendre au long des haies, et attendre, et attendre !... Car je me disais : « C'est pas possible ! C'est une farce qu'il veut me faire ! » Mais, j'avais beau m'illusionner, c'te fois y avait de quoi pleurer, je vous assure. Aussi, avant de quitter le verger pour n'y plus revenir, j'ai pris tout ce qu'il me restait de voix au fond du gosier et j'ai chanté not'chanson, dans l'espoir qu'il me répondrait peut-être.

(*Elle chante.*)

Dansez, les fillettes,
Dansez, les garçons,
Quand les filles sont en fête,
Les amoureux sont contents !
A l'ombre du chêne,
Nous nous assemblerons,
Puis, au clair de la lune,
Dans les champs nous irons.
Dansez, les fillettes,
Dansez, les garçons !

Tout à coup comme si queuqu'un de là-haut avait eu pitié de moi, v'là t'y pas que j'entends dans le lointain une voix qui répond à la mienne !...

(*Elle chante.*)

Aimez, les fillettes,
Aimez, les garçons,
Quand le printemps est en fête,
Les amoureux sont contents !

Dans les chemins sombres,
Nous nous promènerons,
Prendrons des pâquerettes
Et les effeuillerons !
Aimez, les fillettes !
Aimez, les garçons !

C'est lui !... C'est lui !... Et je me mets à courir !... Et je pleurais !... Et je riais !... Et quand je me fus amenée tout auprès, je n'aperçus que la pauvre mère Denis...

ARMANDE, à part.

Ma mère !...

MATHURINE

... qui s'en allait cahin-caha en chantant ben tristement !... (*Elle chante.*)

Pleurez, les fillettes,
Pleurez, les garçons.
Le printemps n'est plus en fête :
Les amoureux sont absents.
Sous l'ombre du chêne,
Seules nous reviendrons,
Et, belles demoiselles,
L'amour point ne ferons !
Pleurez, les fillettes,
Pleurez, les garçons !

(*Sa voix tombe dans un sanglot*)... Et quand elle a eu fini, je me suis jetée dans ses bras en pleurant comme un viau, pendant qu'elle fondait en larmes... Ah! Madame, vous pleurez aussi..., vous êtes une bonne femme!...

ARMANDE, s'éloignant, séchant ses larmes.

C'est bien, c'est bien... laissez-moi!

MATHURINE

Parce que c'te malheureuse, figurez-vous qu'elle s'ostinait à me prendre pour sa fille! J'avais beau lui dire que j'étais Mathurine...

ARMANDE

Comment! Elle ne vous avait pas reconnue?

MATHURINE

Parguié! non, puisqu'elle est quasiment folle.

ARMANDE

Ma mère est folle!

MATHURINE

Vot'mère? Allons, allons! c'est-y que j'fais un mauvais rêve?... Et vous seriez la petite Armande dont on parle tant cheux nous?

ARMANDE

Oui, Mathurine, je suis la petite Armande!

MATHURINE

Vous êtes sûre?... Ah! c'est pas possible!...

Parce que... C'est pas vrai, n'est-ce pas, ce qu'on disait au pays... que vous étiez...

ARMANDE

Taisez-vous !

MATHURINE

Ah ! pauvre mère Denis !... t'as pas eu de chance. (*Elle va reprendre ses paquets.*) Adieu, Madame, je m'en vas... oh ! oui, je m'en vas, c'te fois. (*Elle se dirige vers la porte.*)

ARMANDE

Mathurine !

MATHURINE

Non, non, j'peux plus rester ici... C'est pas une maison où entrer en service... Je m'en retourne au pays.

ARMANDE

Eh bien ! si, restez !... restez, nous partirons ensemble.

MATHURINE

Vrai !

ARMANDE

Je veux aller voir maman.

ENTRE SOEURS

SAYNÈTE A DEUX PERSONNAGES

Par Paul Gaulot

PERSONNAGES

LAURE, 17 ans.
AGATHE, 16 ans.

ENTRE SOEURS

Le théâtre représente un salon.

SCÈNE PREMIÈRE

(Agathe est assise près d'une table, et, les yeux en l'air, semble absorbée dans ses réflexions. Laure entre, et s'arrête, en apercevant sa sœur.)

LAURE
Eh ! quoi, tu rêves ? Encore !

AGATHE
Non, je ne rêve pas.

LAURE
Eh bien ! rêve donc un peu pour me montrer la différence.

AGATHE
Tu ne cesseras donc jamais de me taquiner ?

LAURE
Est-ce que cela te fâche ?

AGATHE
Non, mais... ça me déplait.

LAURE
Grand merci ! la distinction est subtile. — Eh

bien, moi aussi, ça me déplait de te voir si sérieuse, petite sœur, et je voudrais savoir (*chantonnant*) ce qui cause ton tourment ?

AGATHE

Rien, te dis-je : faut-il te le crier ?

LAURE

Bon, bon, j'entends. Je ne suis pas plus sourde que... convaincue.

AGATHE

Ah ! c'est ennuyeux avec toi, on ne sait jamais à quoi s'en tenir ! tu plaisantes toujours.

LAURE

Ai-je tort ? Va, cela ne m'empêche pas de penser, moi aussi, à ce qui fait l'objet de ton rêve ?

AGATHE, vivement.

Vraiment ! (*Se reprenant.*) A quoi donc ?

LAURE

A *qui* eût été plus poli. Je pense... à *lui* !

AGATHE, tressaillant.

Laure, je t'en supplie, ne me trahis pas.

LAURE

Eh ! comment veux-tu que je te trahisse ? *Lui*, cela ne dit rien. Ça ne s'applique à personne.

AGATHE

C'est vrai; mais, je ne m'explique pas pourquoi, il me semble que tout le monde lit dans ma pensée, et j'ai beau vouloir la cacher, j'ai de la peine à m'imaginer que mon secret échappe aux investigations curieuses. D'où peut venir cette idée que je trouve fausse lorsque je raisonne, et qui m'impressionne au point cependant que tu vois?

LAURE

C'est que tu es jeune !

AGATHE

Je n'ai guère qu'un an de moins que toi.

LAURE

A dix ans, une année de plus ou de moins n'a aucune importance; de seize à dix-sept ans, c'est énorme, c'est tout: c'est l'expérience. — Moi, j'ai de l'expérience.

AGATHE

Es-tu heureuse ! — Eh bien, chère Laure, ne me refuse pas le secours de ton expérience ; j'en ai besoin, car je suis très troublée...

LAURE

Cela se voit, petite sœur ; mais je viendrai à ton aide quand tu voudras.

AGATHE

Tout de suite... Dis-moi, j'ai tort de rêver à *lui?*

LAURE

Eh ! ça dépend.

AGATHE

De qui ?

LAURE

De lui. — Qui est-ce ?

AGATHE

Qui est-ce ? je n'ose prononcer son nom... Tu vas te moquer de moi !

LAURE

Non.

AGATHE

Mais si...

LAURE

Non, non et non. Je sais ce que c'est que ces sentiments-là !

AGATHE

Vraiment ? Alors, à toi aussi, il arrive de penser...

LAURE

Pourquoi n'y penserais-je pas ? On me l'a défendu, comme à toi.

AGATHE, tristement.

Oui, parce que c'est mal, tu le vois bien.

LAURE

Eh non! ce n'est pas mal, mais cela peut le devenir.

AGATHE

Comment?

LAURE

En restant caché... Il arrive à tout le monde de penser à quelqu'un. Les jeunes gens pensent aux jeunes filles; pourquoi les jeunes filles ne penseraient-elles pas aux jeunes gens? Elles ont même beaucoup plus de temps... Allons! ne te fais pas prier, confie-moi ton secret.

AGATHE, hésitant.

Non... je ne sais ce que j'éprouve.

LAURE

Tu n'es qu'une enfant!

AGATHE

Je te le dirai à une condition, c'est que, toi aussi, tu me diras le tien?

LAURE

Soit. Commence.

AGATHE

Non, commence, toi.

LAURE

Ah! nous n'en finirons jamais. Il faut pourtant bien que l'une de nous se décide à parler avant l'autre. Nous ne pouvons pas le dire en même temps.

AGATHE

Pourquoi non ? Ce serait plus loyal, plus juste...

LAURE

Quelle fantaisie ! — Je veux bien y consentir, mais c'est un enfantillage. — Voyons, es-tu prête ?

AGATHE

Oui.

TOUTES LES DEUX, avec une hésitation marquée.

J'aime... Gaston !
  (*Elles s'arrêtent et se regardent interdites.*)

LAURE

Comment! Tu aimes Gaston... M. Gaston ?

AGATHE

Oui, comme toi... Pourquoi ne l'aimerais-je pas, puisque tu l'aimes ?

LAURE

En voilà une raison ! — Mais il ne t'aime pas, et la preuve, c'est que, pour ma fête, c'est à moi qu'il a envoyé des fleurs.

AGATHE
Il m'en a envoyé aussi.

LAURE
Ce n'était pas pour ta fête.

AGATHE
Il se sera trompé de jour.

LAURE
Ce qui prouve qu'il n'attachait aucune importance à cet envoi.

AGATHE
Il n'en attachait qu'à l'envoi ; le jour lui importait peu, et à moi aussi.

LAURE
Tu raisonnes ! Pauvre petite !... Il m'envoie depuis deux ans une belle boîte de bonbons, au jour de l'an.

AGATHE
A moi aussi.

LAURE
Enfin, s'il ne m'a jamais dit positivement qu'il m'aimait...

AGATHE, vivement.
Comme à moi !

LAURE, haussant les épaules à l'interruption de sa sœur.

... Il me l'a fait comprendre.

AGATHE

A moi aussi.

LAURE

C'est trop fort ! J'avais bien raison de dire que tu n'avais aucune expérience... Quand on se mêle d'aimer, il faut savoir comprendre le langage de la passion... Ce n'est pas du reste à ton âge que l'on en est capable. Tu as pris sa politesse pour de l'amour, petite sotte, et voilà tout.

AGATHE

Méchante ! Tu m'en veux parce que tu n'es pas sûre du tout, malgré ton expérience, qu'il ne m'aime pas.

LAURE

Quelles idées tu te fourres dans la tête !... C'est très mal de rêver à Gaston. Maman a cent fois raison de te le défendre, et je l'en approuve.

AGATHE

Oui, c'est mal, je le vois bien à cette discussion : mais tu as autant à te le reprocher que moi.

LAURE

Je suis ton aînée, et je te refuse le droit de juger ma conduite.

AGATHE

Pourtant...

LAURE

Non, je te le défends.

AGATHE

Si tu le prends sur ce ton, je ne peux plus rien dire. J'aime mieux m'en aller... Va, tu me fais bien de la peine !

(*Elle sort pleurant presque.*)

SCÈNE DEUXIÈME

LAURE, seule, regardant partir sa sœur.

Ça pleure pour un rien et ça veut aimer !

(*Elle fait quelques pas en silence.*)

C'est incroyable, ma parole d'honneur. — Voyez-vous cette enfant qui se croit aimée parce que Gaston lui a envoyé des bonbons, un bouquet... Sont-ce là des témoignages si éclatants qu'on ne puisse, après les avoir reçus, conserver des doutes ?... Qu'elle est simple !... Moi, j'ai reçu de lui... Au fait, j'ai reçu des bonbons et des fleurs... comme elle... Mais c'était bien différent... Il n'a pas osé s'expliquer devant moi : je l'intimidais, tandis qu'Agathe, une petite fille... il lui aurait parlé clairement s'il avait eu quelque chose à lui dire... C'est évident... évident...

(*Après réflexion.*)

Pourtant... si je me trompais ?... Les hommes, c'est si trompeur — à ce que l'on dit. Il faudrait me méfier... Elle m'a parlé avec une assurance énorme pour son âge. Est-ce qu'il l'aimerait vraiment ? C'est fou... mais c'est possible... Oh ! moi, je ne puis l'aimer s'il ne m'aime pas ! Il serait trop content, trop fier, s'il le savait... Non, je ne veux pas lui donner cette joie... il ne la mérite guère... Sans doute, il est gentil, mais c'est tout. Il n'a rien d'extraordinaire : ce n'est point un de ces garçons qui enlèvent tous les cœurs du premier coup... J'ai vu, dans le monde, des gens aussi bien que lui, même mieux... Il peut me dédaigner, je le dédaigne aussi... Ah ! puisque Agathe semble tenir à lui, je veux le lui laisser... C'est un cadeau que je ne regrette guère... Agathe !

SCÈNE TROISIÈME

LAURE, AGATHE

(*Au moment où Laure appelle Agathe, celle-ci reparaît et s'avance vivement vers sa sœur.*)

AGATHE
J'ai réfléchi, ma chère Laure.

LAURE
Moi aussi, ma chère Agathe.

AGATHE

Et je me suis trouvée sotte de t'avoir ainsi tenu tête. Je t'en demande bien pardon.

LAURE

Moi aussi, j'ai eu tort de m'emporter comme je l'ai fait. Cela n'en valait pas la peine ; excuse-moi.

AGATHE

Tu es trop bonne.

LAURE

Nous avons agi comme des enfants : c'était à moi à garder mon sang-froid ; je l'ai bien vite recouvré, d'ailleurs, tu peux m'en croire, et maintenant, loin de te contredire, petite sœur, je viens te dire : c'est peut-être toi qu'il aime !

AGATHE

Moi ? Oh ! non ! J'ai fait comme toi, j'ai recouvré mon sang-froid, et je venais te déclarer qu'évidemment c'est toi qu'il aime.

LAURE

Quelle idée ? Et qui peut te faire supposer... ?

AGATHE

Je m'en rends compte à présent : il me traite en petite-fille.

LAURE

Il te traite comme moi.

AGATHE

Peut-être, en apparence, mais, au fond, c'est toi qu'il doit aimer, car il m'a répété souvent : « Votre sœur est charmante : c'est curieux comme vous vous ressemblez peu. »

LAURE

Ah !... Eh bien, à moi, il a dit aussi, — et plus d'une fois : « Elle est très drôle, votre petite sœur ; c'est étonnant comme vous vous ressemblez peu. » Ainsi, tu vois...

AGATHE

Qu'est-ce que cela signifie ?

LAURE

Cela signifie qu'il n'aime, qu'il ne peut aimer qu'une seule de nous : il faut que ce soit toi !

AGATHE

Pourquoi ? Tu es l'aînée et l'usage..

LAURE

Justement. Je vais dans le monde depuis longtemps déjà : il m'y a vue dès mes débuts, et il n'aurait pas attendu de t'y voir aussi pour s'éprendre de moi ; le raisonnement te paraît bien fort, sans doute, mais quand tu auras de l'expérience tu le comprendras... Non, c'est toi qu'il préfère. Tu seras heureuse avec lui... Laisse-moi faire... Je me charge de ton bonheur!

AGATHE

Tu es trop généreuse. Je n'accepte pas ta générosité. Je te le répète, j'ai réfléchi et je comprends bien que les idées que je m'étais mises dans la tête ne reposent sur rien.

LAURE

Nous ne pouvons pas cependant le repousser toutes deux... Papa disait, pas plus tard qu'hier, en parlant de lui : « Il fera un excellent mari : il est plein de qualités, ce garçon... C'est un très beau parti. »

AGATHE

Oui, et maman ajoutait : « On ne peut pas le refuser. Ce serait une sottise. »

LAURE

Tu les as donc entendus ?

AGATHE, baissant les yeux.

Mon dieu, oui... C'est même ce qui m'a donné l'idée de rêver à lui... Je n'y pensais nullement auparavant.

LAURE

C'est comme moi. Je n'y pensais pas plus que toi, mais lorsque j'ai entendu parler ainsi nos parents, j'ai cru qu'il s'agissait de moi, et, alors, en fille obéissante...

AGATHE

J'ai raisonné de même. C'est par soumission que je rêvais à lui.

LAURE

Eh bien, continue par soumission.

AGATHE

Ah! non. Je ne le puis plus, depuis que tu m'as parlé. Je n'avais pas de doute alors, tandis que maintenant...

LAURE

Tu comprends que ce n'est pas à moi à me sacrifier...

AGATHE

A moi non plus.

LAURE

Nous ne pouvons cependant rester dans cette incertitude. Il faut que nous ayons pris un parti, lorsqu'on nous en parlera... Nous vois-tu hésitant, acceptant ou refusant, dans une confusion ridicule? Non, puisque nos parents ont déclaré que ce serait une sottise de le refuser, une de nous doit se dévouer... Je comptais sur toi.

AGATHE

Grand merci. Ou du moins je ne puis me dévouer ainsi. Il faudrait qu'une volonté plus forte imposât silence à la mienne...

LAURE

Je dirai à papa...

AGATHE

Tu ne diras rien, sinon, je parle aussi, et, alors, comme tu es l'aînée... Non, pourquoi mêler nos parents à cette discussion, qui ne les regarde qu'approximativement ? Faisons comme à la pension : tirons au sort, pour savoir qui devra épouser M. Gaston.

LAURE

Tiens, tiens, tiens... Tu as des idées au-dessus de ton âge.

AGATHE

Qu'en dis-tu ? Ce serait le moyen le plus raisonnable de sortir d'embarras. D'ailleurs notre oncle ne disait-il pas que le mariage était toujours une loterie ?

LAURE

Tu retiens très bien tout ce que tu entends.

AGATHE

Dame ! Il faut s'instruire... quand on sort du couvent. — Je t'en prie, consens à ce que je te propose...

LAURE

Soit ! C'est une folie, mais elle est drôle. (*A part.*) En tout cas, quel que soit le résultat,

M. Gaston n'aura pas sujet d'en concevoir beaucoup d'orgueil... C'est l'important. (*Haut.*) Nous allons mettre nos noms dans cette coupe, et le premier qui sortira désignera celle e nous qui devra épouser M. Gaston.

AGATHE

Prenons du papier pareil pour que les chances soient égales. — Tiens, voilà une enveloppe qui fera notre affaire... Ah ! elle est ouverte.

LAURE

Et une lettre en tombe.
(*Elle prend la lettre.*)
C'est l'écriture de Gaston... Ah ! cela me fait quelque chose !

AGATHE

Ne regarde pas!

LAURE

Non.
(*Elle jette néanmoins un coup d'œil sur la lettre.*)

AGATHE

C'est mal, tu sais.

LAURE

Oui .. oui...
(*Elle continue de lire.*)

AGATHE

Voyons : finis. — Es-tu prête ?

LAURE

Ah! ma chère!...
      (Elle replie la lettre.)
Alors, décidément, tu ne veux pas épouser M. Gaston?

AGATHE

Quelle question! Non, te dis-je, à moins que le sort... Et toi?

LAURE

Moi, non plus!
      (Elle agite la lettre en l'air.)
Lui non plus!

AGATHE

Comment?

LAURE

Oui, ma chère, voici ce qu'il écrit à notre mère... Tant pis, maman n'avait qu'à ne pas laisser traîner cette lettre...
      (Elle lit:)
... *Je ne sais comment vous remercier des démarches que vous avez faites pour moi... Je suis si heureux du succès que vous m'annoncez! M*^{lle} *de Kermaria...* — Clotilde! — *M*^{lle} *de Kermaria est charmante, et je l'aime depuis longtemps... C'est à vous que je devrai mon bonheur...* Son bonheur! Tu comprends?

AGATHE

Non, pas très bien.

LAURE

Tu es si jeune! Eh bien, papa et maman s'occupent de le marier. Voilà pourquoi ils en parlaient, mais ils ne pensaient pas à nous!

AGATHE

Ils auraient dû nous mettre dans la confidence!

LAURE, souriant.

Ils nous y mettent bien... involontairement. Mais qu'importe? Nous sommes satisfaites toutes les deux maintenant.

AGATHE

Oui; mais nous n'aurions pas eu de discussion.

LAURE

Elle finit bien. La regrettes-tu?

AGATHE

Au fait, non.

LAURE

Ni moi. — Cela fait toujours passer le temps.

LES
PETITES ACCORDAILLES

COMÉDIE EN UN ACTE

Par Émile Abraham

7°

PERSONNAGES

GUSTAVE, 30 ans.
ARISTIDE, 32 ans.
LUCIE, 21 ans.
ATHÉNAIS, sœur d'Aristide, 29 ans.
UNE BONNE.

La scène se passe chez Durantel, père de Lucie.

LES
PETITES ACCORDAILLES

Le théâtre représente un salon. — Porte au fond. — Portes latérales. — Un piano. — Un canapé.

SCÈNE PREMIÈRE

LUCIE, laissant aller ses doigts sur le piano, puis s'arrêtant.

Dans quelques heures, ils seront ici... (*Retirant une lettre de sa poche et après avoir lu mentalement le commencement :*) « Je ne saurais te dépeindre « notre joie... Aristide ne compte plus les jours; « il compte les heures qui le séparent encore de « sa Lucie. » (*Un temps, puis reprenant :*) « Quant « à moi, je te l'avouerai, mon cœur déborde de « bonheur. Tous mes souvenirs à Gustave et reçois « les tendres baisers de ton affectionnée — Athé- « naïs. » (*Réfléchissant et avec un peu de tristesse :*) « Aristide ne compte plus les jours ; il compte les heures qui le séparent...

SCÈNE DEUXIÈME
GUSTAVE, LUCIE

GUSTAVE
Bonjour, cousine... tu connais la nouvelle ?...

LUCIE
Nos cousins de Nancy ?...

GUSTAVE
Le train est signalé... Nos doux projets d'enfance vont donc se réaliser!... car elle m'aime toujours... et elle l'avoue, dit-on, avec une grâce adorable... Ton père, que dit-il de ce retour ?... (*Lucie reste absorbée dans ses réflexions.*) Que dit-il ? Eh bien... qu'as-tu ?

LUCIE, sortant de sa rêverie.
Hein ?

GUSTAVE
Egoïste que je suis !... je te parle de mon bonheur, sans songer à me réjouir du tien !

LUCIE
Du mien ?

GUSTAVE
Aristide accompagne sa sœur ; vos vœux sont exaucés aussi... Il paraît qu'Aristide est un jeune homme charmant, aux allures parisiennes... Ah ! s'il ne te rend pas la plus heureuse des femmes !... (*Il l'embrasse sur le front.*)

LUCIE, émue.
Tu es affectueux, mon cher Gustave.

GUSTAVE
Je vais voir ton père... et essayer de causer un

peu avec lui... occasion rare, car il est toujours plongé dans les chiffres.

SCÈNE TROISIÈME

LUCIE, cherchant à changer le cours de ses pensées, va se regarder dans la glace.

Souriez, Mademoiselle, votre promis va venir. (*Rêveuse.*) Comme Gustave aime Athénaïs! (*Se regardant de nouveau dans la glace.*) Là, c'est mieux, souriez encore... S'il est accompli, comme on le prétend, il va se montrer difficile, et il ne voudra peut-être plus de vous... (*Se contemplant avec satisfaction, mais pourtant sans coquetterie.*) Il me voudra...

SCÈNE QUATRIÈME

GUSTAVE, LUCIE, puis ARISTIDE.

GUSTAVE, au fond et parlant à la cantonade.

Elle est là ; elle est là. (*Entrant et à Lucie.*) Ils sont arrivés... et voici Aristide.

ARISTIDE. Il a l'air gauche et chante en parlant. Il est mal habillé : pantalon trop court, redingote trop longue, gilet impossible, raie au milieu de la tête.

Lucie !

LUCIE

Aris... (*Elle va pour avoir un élan, mais à la vue d'Aristide, elle s'arrête comme paralysée*).

ARISTIDE, à lui-même.

Charmante... ravissante.

LUCIE, à elle-même.

Qu'il est mal !

GUSTAVE, à Lucie.

Athénaïs est encore à la gare... Aristide n'a pas eu la patience d'attendre... Vous êtes émus à ce point ?... je comprends cela. (*A Aristide.*) Chère cousine, je reviens dans quelques minutes... (*A Lucie.*) Mon cher, excusez le trouble d'une jeune fille... (*Se reprenant*) non... je voulais dire... Je cours à la gare... (*A part.*) Chère Athénaïs, il me tarde... (*Il sort*).

SCÈNE CINQUIÈME

ARISTIDE, LUCIE

ARISTIDE, à lui-même.

Je ne sais vraiment que lui dire. (*A part.*) Ah ! j'ai trouvé. (*Haut.*) Ma cousine.. (*Il rit.*)

LUCIE

Monsieur...

ARISTIDE

Aimez-vous les macarons ?

LUCIE, étonnée.

Monsieur... si je...

ARISTIDE

Autrefois, vous me disiez « mon cousin » ou bien « Aristide ».

LUCIE

Nous étions des enfants.

ARISTIDE

Nos parents nous destinaient déjà l'un à l'autre... Ils avaient, comme on dit, célébré « les Petites accordailles » (*riant*), les Petites accordailles.

LUCIE, à part.

Quel rire !

ARISTIDE

Je vous en ai apporté une boite.

LUCIE

Une boîte (*souriante, mais navrée*)... de petites accordailles ?

ARISTIDE

De macarons ! (*Il rit.*)

LUCIE, à part.

Comme cadeau de noces ?...

ARISTIDE

Je n'ai jamais cessé de penser à vous, et chaque fois qu'on demandait ma main — fils d'un huissier de chef-lieu, et avec ma dot et mes espérances ; avec ma tournure, et jouant couramment de l'ophicléide aux soirées du premier adjoint, jugez si j'étais recherché ! — Eh bien, je répondais à toutes les propositions : j'ai donné ma foi à Lucie Durantel et si j'en épousais une autre, elle en mourrait ! (*Il rit.*)

LUCIE, à part.

Mais c'est un idiot !

ARISTIDE

Celle que je regrette le plus, c'est Valérie Bertholet... mais son père s'est remarié et vous comprenez... la succession...

LUCIE, ironiquement.

Je comprends... je comprends...

ARISTIDE

Athénaïs aussi était très recherchée... c'est une femme supérieure... M. Gontran de Valmonpré... Et, à ce propos, sachez que les bruits répandus sur leur compte sont faux...

LUCIE

Quels bruits ?

ARISTIDE

Dites donc, cousine, vous m'en voudriez, n'est-ce pas, si je ne vous embrassais pas ?

LUCIE, essayant de sourire.

Et mademoiselle Bertholet ?

ARISTIDE

Puisque son père s'est remarié !... (*Il se met sur la pointe des pieds et avance la figure pour embrasser Lucie, qui lui tend le front. — Athénaïs entre.*)

SCÈNE SIXIÈME

LES MÊMES, ATHÉNAIS, en ridicule toilette de voyage : robe bariolée, plaid écossais, chapeau à larges plumes, gants verts, gibecière, lorgnette attachée par une courroie, un ridicule à chaque bras.

ATHÉNAIS, ouvrant la porte du fond et à la coulisse.

Bien mon oncle, restez à vos affaires..

LUCIE

Athénaïs !

ATHÉNAIS

Lucie ! (*Elles s'embrassent. Regardant autour d'elle.*) Mais... je ne vois pas...

ARISTIDE

Tu cherches le héros de tes rêves, ma sœur ? (*Il rit.*)

LUCIE à Athénais.

Très impatient, il est allé à ta rencontre.

ATHÉNAIS

Je ne suis pas dans une tenue de jeune et tendre fiancée ; je vais réparer le désordre de ma toilette. Cette coquetterie ne m'est-elle pas permise ? Veux-tu me conduire à la chambre qui m'est destinée ?

LUCIE, à part.

Après tout, Gustave la trouvera peut-être à son goût.

ATHÉNAIS à Aristide.

S'il vient, fais-le patienter.

ARISTIDE à Lucie.

Rassurez vous, chère Lucie, les bagages ne tarderont pas à venir.

LUCIE, étonnée.

Les bagages ?... Que je me rassure ?...

ARISTIDE

Les macarons... (*Il rit.*)

LUCIE, à elle-même.

Plutôt rester coiffer sainte Catherine.

(*Lucie et Athénais sortent par une porte latérale.*)

SCÈNE SEPTIÈME

ARISTIDE, puis GUSTAVE

ARISTIDE

Je me réjouis de l'emmener à Nancy... de la promener tout le long de la rue Stanislas et à la Pépinière...

GUSTAVE, entrant tout effaré, un bouquet à la main.

Ath... où est-elle ?

ARISTIDE

Vous vous êtes croisés... Elle secoue la poussière du voyage et s'attife. (*Il rit.*)

GUSTAVE, montrant le bouquet.

Je m'occupais d'elle. Mais... répétez-moi ce que vous me disiez tout à l'heure. Elle est ravissante, n'est-ce pas ?

ARISTIDE

Adorable !

GUSTAVE

Adorable !...

ARISTIDE

A sa vue, vous resterez en extase !

GUSTAVE

Mon cher Aristide, mon cher beau-frère ! (*Il lui tend la main.*)

ARISTIDE

Et moi aussi, je suis bien heureux (*soupirant*), ma chère Lucette !... Elle est délicieuse...

GUSTAVE

Oui... oui... délicieuse...

ARISTIDE

Plus délicieuse même que Valérie Bertholet ?

GUSTAVE, étonné.

Valérie Bertholet ?

ARISTIDE

Ah ! vous n'allez pas retrouver l'enfant d'autrefois... tremblante, un peu guindée... (*Comme récitant une leçon.*) C'est la jeune fille dans son éclosion printanière... c'est le bouton de rose à l'instant de sa transformation, au moment où ses pétales se dilatent... c'est la beauté dans tout son épanouissement, c'est... (*Il s'arrête tout court.*)

GUSTAVE, stupéfait, à part.

Quel singulier beau-frère je vais avoir là !...

ARISTIDE, à part.

Ce diable de Gontran de Valmonpré... je ne sais plus ce qu'il disait après... (*On entend chanter.*) C'est elle... c'est ma sœur...

GUSTAVE, très ému.

Ah ! mon ami, mon cœur bat... Athénaïs...

SCÈNE HUITIÈME

LES MÊMES, LUCIE, ATHÉNAIS

(*Athénaïs est dans une toilette plus ridicule encore que la précédente : paquets de fleurs au corsage et dans les cheveux.*)

ATHÉNAIS, avec un grand élan.

Gustave !... (*Allant à lui les bras ouverts.*) Gustave !

GUSTAVE, jetant un cri et laissant tomber le bouquet.

Ha ! (*Il tombe sur le canapé.*)

ATHÉNAIS, à Lucie.

Quelle impression je produis sur lui !...

LUCIE, avec intention.

J'en avais un peu le pressentiment.

ARISTIDE, à Gustave.

Vous êtes au septième ciel.

GUSTAVE, à part.

J'en tombe... du ciel..;

ATHÉNAIS

Touchée jusqu'au fond de l'âme... (*Elle va s'asseoir à côté de Gustave sur le canapé.*)

GUSTAVE, à part.

C'est un épouvantail.

LUCIE, allant s'asseoir aussi sur le canapé, de l'autre côté de Gustave et contente sans s'en rendre compte.

Remets-toi... exprime ta joie à cette chère Athénaïs.

ATHÉNAIS

Les grandes joies sont muettes comme les grandes douleurs.

ARISTIDE, faisant signe à Lucie de venir un peu à l'écart.

Lucie...

GUSTAVE, à lui-même.

Je suis couvert de ridicule.

ARISTIDE

Nous les gênons dans leur expansion...

LUCIE

Vous avez raison... ils doivent avoir tant de choses à se dire. (*Ils sortent.*)

SCÈNE NEUVIÈME

GUSTAVE, ATHÉNAIS

ATHÉNAIS

Gustave! (*Gustave lève la tête et regarde Athénaïs.*) Je ne m'attendais pas à cette timidité de votre part... mais elle me plait... (*Silence.*) Appelez-moi votre petite femme... comme en d'autres temps.. (*Silence.*) Elle a été bien longue et bien cruelle à tous les deux, cette séparation... mais nos lettres rapprochaient la distance... je les ai toutes tes lettres... je les ai lues et relues, ces pages brûlantes... et les miennes, les avez-vous conservées ?

GUSTAVE, vivement, en se levant.

Les voulez-vous ?

ATHÉNAIS

Non, non... calmez-vous ! — Je ne pouvais, moi, m'exprimer ardemment... une jeune fille est astreinte à beaucoup de réserve... mais, une fois mariée, la femme peut donner un libre cours à ses sentiments ; vous verrez... tu verras !... Dire que bien des personnes désapprouvent notre mariage...

GUSTAVE

Ha !

ATHÉNAIS

Elles prétendent que notre âge...

GUSTAVE

Il est certain que notre âge...

ATHÉNAIS

Que nos caractères...

GUSTAVE

Il est certain que nos caractères... (*A part.*) Dire

que, pendant nombre d'années, j'ai soupiré pour cette potiche !

ATHÉNAIS, ouvrant le piano et faisant des accords.

Vous rappelez-vous, Gustave, les soirées d'hiver, où, tous réunis dans ce salon... les belles heures, les doux moments... (*Elle fredonne quelques mesures du morceau qui sera chanté à la scène* 10.)

SCÈNE DIXIÈME

LES MÊMES, LUCIE, ARISTIDE

ARISTIDE

Alors, nous pouvons entrer... (*A Lucie*) Ma cousine, demandez à Gustave.., ou, plutôt, vous, Gustave, à qui ma sœur n'a rien à refuser... demandez à Athénaïs de vous dire la romance dont elle vient de fredonner quelques mesures. Elle la chante avec suavité... si j'ose m'exprimer ainsi !... (*Il rit.*)

GUSTAVE, bas à Lucie.

Mon Dieu ! qu'ils m'énervent tous les deux !

LUCIE, à Gustave et dissimulant mal un ton ironique

Encourage-la... elle est si timide.

GUSTAVE

Tu me railles ?

ARISTIDE, à Athénaïs.

Gustave joint ses supplications aux miennes.

GUSTAVE, à part.

Animal, va !

ATHÉNAIS

Devant une telle insistance... (*A Lucie*) Veux-tu m'accompagner ?
(*Lucie prélude au piano. Pendant ce temps, Athénaïs prend des poses et se donne l'air inspiré.*)

ARISTIDE, à Gustave.

Ouvrez toutes vos oreilles !... (*Allant à Lucie.*) Ouvrez toutes vos oreilles.
(*Athénaïs chante en faisant force gestes et contorsions ridicules. Lucie, tout en accompagnant, jette des regards malicieux sur Gustave, qui peste*[1].)

ARISTIDE, à Gustave.

Quelle grâce !... quelle simplicité !

GUSTAVE, à part.

C'est grotesque !

---

(1) L'artiste choisira un morceau à sa convenance ; une mélodie comme *Ce doux martyre*, des *Noces de Figaro* ; ou *Rendez-moi ma patrie*, du *Pré aux Clercs* ; ou *Si vous croyez que je vais dire*, de la *Chanson de Fortunio*.

ARISTIDE, à Lucie.

Quelle grâce !... quelle simplicité !

ATHÉNAIS, à part.

Il est ému !... (*A Gustave.*) Départissez-vous donc de cet air contraint, mon ami... Vous êtes presque aussi timide que moi.

GUSTAVE embarrassé.

Ah !... vous croyez...

ATHÉNAIS, à part.

Je lui cause une impression ineffable !

LUCIE, qui s'est retirée du piano; à Gustave.

Eh bien, tu ne lui adresses pas un compliment ?

ARISTIDE

Lucie, à votre tour de chanter.

LUCIE

Moi ?

ARISTIDE

Vous ne refuserez pas à celui qui doit faire votre bonheur.

ATHÉNAIS, à Lucie.

Tu ne peux lui refuser.

GUSTAVE, à part.

Pauvre Lucie ! notre malheur est commun.

ARISTIDE, à Gustave.

Joignez vos prières aux nôtres.

GUSTAVE

Je ne veux pas contrarier Lucie.

ARISTIDE

La contrarier... pourquoi ? Est-ce que ma sœur s'est fait prier, elle ?

LUCIE

Que chanterai-je ?

GUSTAVE

La même romance.

LUCIE

Soit.

ARISTIDE

C'est maintenant, surtout, que je regrette de ne pas avoir apporté mon ophicléide.

LUCIE, à Athénaïs.

Veux-tu m'accompagner ?

(*Athénaïs se met au piano et accompagne en gesticulant de la tête; Lucie chante avec la plus grande simplicité, mais non sans expression. Gustave la contemple.*)

GUSTAVE, à part et ravi.

Quelle différence !

ATHÉNAIS, se levant ; à Aristide.

Un joli petit filet de voix, mais pas de feu... Je la perfectionnerai.

ARISTIDE, à Athénaïs.

Devant moi, elle n'ose pas... mais sa gaucherie me plait... (*A Lucie.*) Votre gaucherie me plait... mais j'y songe, l'oncle nous attend...

LUCIE

Pauvre père... C'est vrai, nous l'abandonnons.

ARISTIDE

Puisque la montagne ne peut venir à nous, allons à la montagne... (*Il rit.*) Allons à la montagne... (*Il rit.*) (*A sa sœur, en sortant.*) Les macarons ont fait leur effet... elle a paru très touchée de cette attention délicate.

ATHÉNAIS

Et moi aussi, j'ai eu mon succès... jamais il n'avait entendu chanter de la sorte... il est resté stupéfait! (*Ils sortent par le fond. Gustave et Lucie vont pour les suivre, mais Gustave s'arrête et ramène Lucie en scène.*)

SCÈNE ONZIÈME
GUSTAVE, LUCIE

GUSTAVE

Je suis bien honteux.

LUCIE, jouant l'étonnement.

Pourquoi ?

GUSTAVE

Pourquoi ?

LUCIE

Elle est peut-être un peu extravagante, exagérée, veux-je dire.

GUSTAVE

Je ne l'épouserai certainement pas.

LUCIE

Que dis-tu ?

GUSTAVE

Je ne l'é-pou-serai-pas !

LUCIE

Mais cette pauvre Athénaïs...

GUSTAVE

Cette pauvre Athénaïs... je m'en moque de cette pauvre Athénaïs... Est-ce que tu épouseras ce magot d'Aristide, toi ?

LUCIE, embarrassée.

Mais... Mais...

GUSTAVE

Je m'y oppose.

LUCIE, contente

Ah ! tu... (*Se ravisant et prenant un air sérieux.*) Qu'est-ce que cela peut te faire ?

GUSTAVE

A moi ?... rien... rien... mais il est indigne de toi.

LUCIE

Quand il aura perdu ses manières un peu provinciales... Quant à Athénaïs... elle se corrigera pour te plaire... La véritable affection doit se prouver par des sacrifices... elle est femme à bien faire.

GUSTAVE

Mon imagination seule était atteinte ; je sens à présent que je n'avais pas de sentiments profonds pour elle...

LUCIE

Elle sera désolée...

GUSTAVE

Il faut que tu persuades à Athénaïs, avec la délicatesse et le tact que je te connais...

LUCIE

Oh ! c'est impossible !

GUSTAVE

Je t'en prie... Me vois-tu me promener avec elle... « Madame, j'ai l'honneur de vous présenter Madame Gustave Durantel... » (*Avec ironie.*) Ma femme !... ma petite femme !... J'étais déjà bien désillusionné, mais quand je t'ai entendue chanter après elle...

LUCIE

Ne va pas croire, au moins, que j'aie voulu lui faire du tort.

GUSTAVE

De la coquetterie et de la méchanceté chez toi ? Je connais ton esprit et ton cœur.

LUCIE

Tu es indulgent pour moi.

GUSTAVE

On plaisantera sur mon compte... mais on me plaisanterait bien plus si j'épousais cette caricature.

LUCIE, un peu sournoisement.

Comme tu la traites!

GUSTAVE

Quand je pense que j'ai refusé pour elle des jeunes personnes accomplies...

LUCIE

Celles qu'on t'a proposées ne sont peut-être pas toutes mariées...

GUSTAVE, tendant les mains à Lucie, qui lui donne les siennes. Un silence.

Je dois te paraitre fou.

LUCIE, baissant les yeux.

Je ne comprends pas...

GUSTAVE

Je ne pourrais exprimer ce que je ressens.

SCÈNE DOUZIÈME

LES MÊMES, ARISTIDE, accourant.

ARISTIDE

Venez vite pendant qu'il n'y a pas de clients au bureau... Athénaïs va redire sa mélodie... pour son oncle. (*Il sort.*)

GUSTAVE

Ça ton mari ? jamais !

LUCIE

Je le métamorphoserai...

GUSTAVE

Mais tu l'aimes donc ?

LUCIE

C'est mon cousin.

GUSTAVE

Mais... l'aimes-tu comme fiancé ?

LUCIE

Mon père nous attend. (*Elle sort.*)

SCÈNE TREIZIÈME

GUSTAVE, ARISTIDE

(Gustave regarde Lucie sortir et reste à réfléchir.)

ARISTIDE, à Gustave qui ne l'écoute pas.

Plus je la vois, plus je la trouve accomplie... un peu... un peu primitive, si je puis m'exprimer ainsi... (il rit), mais elle acquerra bientôt du genre... elle ne saurait avoir un meilleur modèle que ma sœur... Ah! vous ferez bien des jaloux à Nancy... de Valmonpré se fera trappiste.

GUSTAVE, distrait et suivant toujours Lucie par la pensée.

De Valmonpré?

ARISTIDE

Cinquante-sept ans, mais très vert et très galant. Il adore Athénaïs... vous savez?... Les bruits qu'on a fait courir sont faux!...

GUSTAVE, toujours distrait.

On a fait courir des bruits?

ARISTIDE

Il suffit qu'on vous rencontre cinq ou six fois le soir en tête-à-tête dans les allées d'un parc...

GUSTAVE

Ah! Mlle Athénaïs et M. de Valmonpré...

ARISTIDE

Ils sont toujours dans les nuages ces deux êtres-là... Oh! rassurez-vous, Athénaïs ne sera jamais la femme prosaïque qui fait prendre le ménage en horreur par les esprits élevés... des soins mondains... la surveillance d'une maison... des détails de cuisine, le débarbouillage des petits... tout cela n'est pas son affaire.

GUSTAVE

Eh bien, moi, mon cher Aristide, la femme supérieure dans le sens que vous indiquez n'est point mon idéal.

ARISTIDE

Ne tenez pas ce langage devant ma sœur... vous ne personnifiez pas du tout son idéal.

GUSTAVE

Aussi ne l'épouserai-je pas.

ARISTIDE

Vous dites...

GUSTAVE

Que je n'épouserai pas Athénaïs.

ARISTIDE

Vous plaisantez...

GUSTAVE

Les circonstances m'ont éloigné de votre sœur pendant longtemps; je la retrouve métamorphosée... nous ne nous convenons pas, et comme il s'agit de mon bonheur... du sien aussi...

ARISTIDE
Mais c'est impossible!... C'est comme si je voulais, moi, ne pas tenir mes engagements envers Lucie... La pauvre enfant, elle en mourrait !

GUSTAVE, ironique.
Tout au moins se ferait-elle carmélite !

ARISTIDE
Athénaïs qui a refusé tant de brillantes unions! Gontran de Valmonpré lui même...

ATHÉNAIS, à la porte.
Mon cher Gustave... mon bien-aimé...

GUSTAVE
Mille pardons... je... votre frère... Lucie... on m'attend... (*Il sort.*)

SCÈNE QUATORZIÈME

ARISTIDE, ATHÉNAIS

ATHÉNAIS
Qu'a-t-il donc ?

ARISTIDE, hésitant.
Ma sœur, songes-tu quelquefois au malheureux qui se désespère à Nancy ?

ATHÉNAIS

Gontran ?

ARISTIDE

Oui... Gontran de Valmonpré... ta conscience ne te reproche-t-elle pas de jeter la mort dans l'âme de ce chevalier ?

ATHÉNAIS

Il m'a donné d'incessantes preuves de tendresse et de passion, mais Gustave a ma foi, mes serments...

ARISTIDE

Pauvre Gontran !

ATHÉNAIS

Le temps finit toujours par cicatriser les plaies .. Va-t-il revenir bientôt ?...

ARISTIDE

Valmonpré ?

ATHÉNAIS

Non, Gustave ?

ARISTIDE

Athénaïs, du courage...

ATHÉNAIS

Du courage ?

ARISTIDE

Tu aimes un être indigne de toi...

ATHÉNAIS

Hein ?

ARISTIDE

Il faudra que tu surveilles le pot-au-feu...

ATHÉNAIS

Que je... ?

ARISTIDE

Il y a sur le mariage les idées les plus vulgaires, les plus étroites...

ATHÉNAIS

Nous ne tarderons pas à être imbus des mêmes idées, des mêmes aspirations, et...

ARISTIDE

Je t'assure que Gontran de Val...

ATHÉNAIS, l'interrompant.

Pourquoi me parles-tu de lui ?... Gustave... Gustave veut rompre ? (*Aristide ne répond pas.*) Rompre !... (*L'œil fixe, elle se laisse tomber sur un siège.*)

ARISTIDE

Décrasser des marmots... une femme supérieure !

ATHÉNAIS

Il m'écrivait de si tendres pages...

SCÈNE QUINZIÈME

LES MÊMES, LUCIE

LUCIE

Athénaïs! (*Elle va à elle.*) Ma chère amie... (*A Aristide.*) Qu'a-t-elle donc?

ARISTIDE

J'ai glissé quelques mots... avec beaucoup de ménagements, croyez-le... sur les nouvelles dispositions de Gustave... et..

ATHÉNAIS avec énergie et se levant.

Que m'importe, après tout!... une nature comme la mienne est faite pour souffrir... mais l'affront!... oh! l'affront!

LUCIE

Pauvre cousine!

ARISTIDE

Je vous laisse avec elle... tâchez de la calmer... Lucie, à bientôt... (*Il va pour sortir, revient et avec un air langoureux.*) A bientôt! (*Il sort.*) Quel dommage que je n'aie pas apporté mon ophicléide!

SCÈNE SEIZIÈME

LUCIE, ATHÉNAIS

ATHÉNAIS

Il en aime une autre?

LUCIE

Personne, que je sache...

ATHÉNAIS

Quelque parisienne aura su le fasciner. Sais-tu quelque chose, toi ?

LUCIE

Non, vraiment...

ATHÉNAIS

Un éclair !... C'est toi qu'il aime !

LUCIE

Moi ?

ATHÉNAIS

Mon instinct ne me trompe pas... il t'aime !

LUCIE

Il a pour moi une profonde affection... une affection fraternelle...

ATHÉNAIS, elle lui prend la main.

Cette main est fiévreuse... je ne puis garantir qu'il t'aime, mais j'affirme que... tu l'aimes !...

LUCIE

Moi ?... Moi ?... Quelle plaisanterie...
(*Athénais va s'asseoir. Moment de silence. Athénais essuie une larme.*)

ATHÉNAIS

Tu es jeune, jolie, sympathique...

LUCIE

Mais puisque je t'ai dit qu'il ne m'aime pas, lui...

ATHÉNAIS

Tu vois bien que tu l'aimes, toi ! Vous vous aimez et vous vous marierez... Quant à moi, recherchée par un homme arrivé à l'âge où l'on n'obéit plus à un premier mouvement, mon parti est pris... il faut que... (*souriant*) que je me case... J'ai horreur des vieilles filles... elles deviennent maniérées, prétentieuses dans leur parler et jusque dans leur toilette, et tu sais combien j'apprécie et je pratique la simplicité !...

LUCIE, comprimant un sourire.

Mais je te répète...

ATHÉNAIS

Mon frère se consolera aussi... une de mes bonnes amies de Nancy, Mlle Valérie Bertholet... elle adore Aristide...

(*Gustave entre.*)

SCÈNE DIX-SEPTIÈME

LES MÊMES, GUSTAVE

GUSTAVE, à lui-même.

Ensemble !... Diable !

ATHÉNAIS, d'un ton un peu solennel.

Gustave, je vais vous causer un grand chagrin... pardonnez-moi... mais, je dois écouter ce que ma raison m'impose... Gustave, je vous rends votre parole...

GUSTAVE, embarrassé.

Mais...

ATHÉNAIS

De loin j'étais entrainée à continuer le petit roman de ma jeunesse et, au moment d'écrire le dernier chapitre, je me décide à changer le dénoûment... je n'épouse pas le héros de mes rêves.

LUCIE, à elle-même.

Pauvre Athénaïs!

GUSTAVE, de plus en plus embarrassé.

Croyez...

ATHÉNAIS, ironique et amère.

Pas de désespoir...

GUSTAVE

Cette franche déclaration...

ATHENAIS, de même.

De la résignation!

GUSTAVE, à part.

Elle a de l'esprit...

ATHÉNAIS

Je suis peiné pour vous, mais ce qui me console, c'est de penser que vous êtes aimé...

GUSTAVE

Moi ?

ATHÉNAIS, regardant Lucie.

Par une toute charmante jeune fille...

LUCIE, à part.

Que dit-elle ?

ATHÉNAIS

Et que vous l'aimerez quand le ciel miséricordieux aura fait entrer dans votre cœur l'oubli d'un premier amour... (*Le cœur gros et à Lucie.*) Il t'aimera !

GUSTAVE

Lucie !

LUCIE

Je ne lui ai pas dit...

ATHÉNAIS

Mais je l'ai compris.

LUCIE, naïvement.

C'est possible, mais je n'ai rien avoué...

GUSTAVE

Oh! moi, je déclare que je t'adore, Lucie !

SCÈNE DIX-HUITIÈME

LES MÊMES, ARISTIDE

ARISTIDE

On ferme les bureaux... L'oncle Durantel se décide enfin à venir... (*A Lucie.*) Il m'appelle déjà son gendre, gros comme le bras! (*Il rit; les autres personnages se regardent*) et moi, savez-vous ce que je lui réponds? Eh bien, moi, je l'appelle « beau-père » (*il rit*), « beau-père » grand comme le bras!... (*Il rit.*)

ATHÉNAIS

Mon frère, il y a un petit changement dans nos projets.

ARISTIDE

Un changement?

ATHÉNAIS

Depuis deux mois que nous avons quitté Nancy, Valérie Bertholet gémit...

ARISTIDE

Comment le sais-tu?

ATHÉNAIS

Elle dépérit à vue d'œil..

ARISTIDE

Bah!

GUSTAVE, bas à Aristide.

Elle est charmante, votre sœur...

ARISTIDE, bas

Vous l'épousez décidément?

GUSTAVE

Si je l'épousais, la trouverais-je charmante?

LUCIE, qui prêtait l'oreille

Alors, moi...

GUSTAVE

Toi, je te trouve méchante et laide. (*Il lui prend les mains et les lui embrasse avec effusion.*)

ARISTIDE

Je ne comprends rien à tout cela.

ATHÉNAIS

Gustave et Lucie s'aiment... Prenons-en notre parti en braves et retournons à Nancy, où l'on nous attend...

ARISTIDE

Valérie Bertholet me plaît assez du moment que Lucie ne peut m'épouser... mais c'est fort désagréable que son père se soit remarié... à cause de l'héritage. (*A Athénais.*) Remporterons-nous les macarons?

SCÈNE DIX-NEUVIÈME
LES MÊMES, UNE BONNE

LA BONNE, à Lucie.

Mademoiselle!... (*Elle lui remet deux lettres d'un grand format ; lettres de faire-part.*)

LUCIE, lisant la suscription d'une des lettres.

Monsieur Durantel, pour remettre S. V. P. à Mademoiselle Athénaïs... (*A Athénaïs.*) C'est pour toi. (*Regardant l'autre suscription.*) Pour remettre S. V. P. à M. Aristide.

ATHÉNAÏS, ouvrant la lettre et lisant.

« Monsieur Gontran de Valmonpré a l'honneur « de vous faire part de son mariage... » Ah!... (*Elle tombe sur un siège; Gustave, Lucie et la bonne vont à elle.*)

ARISTIDE, Il a ouvert sa lettre et lit.

« Monsieur Gontran de Valmonpré a l'honneur « de vous faire part de son mariage... avec Made-« moiselle Valérie Bertholet. » Ah ! (*Il tombe sur un siège d'un autre côté... Gustave, Lucie et la bonne vont à lui. Athénaïs jette un nouveau cri ; on retourne à elle. Aristide, à son tour, jette un nouveau cri ; la bonne va à lui et lui tape dans les mains, pendant que Gustave tape dans les mains d'Athénaïs et que Lucie fait respirer à celle-ci un flacon de sels.*)

LE DESTIN

COMÉDIE EN UN ACTE

Par Daurian

PERSONNAGES

GEORGES.
FLORENCE.
ROBERT.
SUZANNE.
UNE BONNE.

LE DESTIN

Un salon. On voit par la porte ouverte une salle à manger où la bonne met le couvert. — On sonne. — La bonne va ouvrir. — Entre Florence qui traverse la salle à manger et descend en scène.

SCÈNE PREMIÈRE

FLORENCE, GEORGES

FLORENCE, à la bonne.

Monsieur n'est pas rentré?

LA BONNE

Si, Madame, monsieur vient de rentrer à l'instant.

FLORENCE donne à la bonne son manteau, son chapeau et ses gants.

Il est sept heures et demie. Vous ne servirez pas le dîner avant que je vous le dise. Je sonnerai.

LA BONNE

Bien, Madame. (*Elle sort.*)
(*Florence regarde les journaux. — Georges entre.*)

FLORENCE, sur un ton de reproche.

Oh! Georges!

GEORGES, gentiment.

Je sais, je sais, je suis en retard.

FLORENCE, doucement.

Ce n'est pas une excuse.

GEORGES

Voyons, puisque j'avoue... une partie de billard promise au cercle, et comme je savais qu'il n'y avait personne à dîner ce soir...

FLORENCE, l'interrompant.

Justement, il y a quelqu'un à dîner.

GEORGES

Vous ne m'aviez pas prévenu.

FLORENCE

Combien de fois vous est-il arrivé, sans me prévenir, de m'amener un ami, à l'heure de se mettre à table... et plus souvent après. C'est ce qui m'arrive aujourd'hui ; j'ai rencontré une amie, et je l'ai invitée à dîner.

GEORGES, se regardant dans la glace.

Qui est-ce ? Ne ferais-je pas bien d'aller faire un brin de toilette ?

FLORENCE, en riant.

Et vous dites que je suis coquette ! (*Songeuse.*) C'est une rencontre très étrange ! (*Changeant de ton.*)

Mais je ne veux pas vous faire chercher... c'est Suzanne.

GEORGES, étonné.

Suzanne ! mais nous ne l'avons pas vue de tout l'hiver.

FLORENCE

C'est vrai, c'est un hasard très curieux ; vous direz ce que vous voudrez, vous allez encore me quereller, mais cette rencontre-là est tout à fait extraordinaire !

GEORGES, souriant.

Je parie que vous allez encore mêler l'implacable Destinée à l'affaire.

FLORENCE, sérieuse.

Ne vous moquez pas, mon ami, il y a là un enchaînement de faits très remarquable.

GEORGES, toujours riant.

Ma chère petite Flo, racontez-moi cela, je vous promets de ne pas rire.

FLORENCE, le doigt en l'air.

Vous promettez pour de bon ?

GEORGES, s'approche d'elle et l'embrasse tendrement.

Je vous promets.

FLORENCE, très sérieuse.

Il y a des indications tout à fait graves. (*D'un air*

solennel). C'est à cause d'une épingle que j'ai rencontré Suzanne.

GEORGES, riant.

Cela me parait très grave en effet.

FLORENCE

Vous ne tenez pas votre promesse, je ne vous raconterai plus rien.

GEORGES, protestant.

Si, si, je vous promets que je suis très sérieux.

FLORENCE, vivement et convaincue.

Et puis, moquez-vous si vous voulez, vous n'empêcherez pas que si je n'avais pas ramassé une épingle, je n'aurais pas rencontré Suzanne. Voilà : j'avais pris une voiture pour aller reporter à Mme Varez les deux belles pièces de broderie qu'elle m'avait confiées, quand je me suis aperçue qu'elles n'étaient pas attachées et que j'aurais très bien pu les perdre. J'allais donc donner l'ordre au cocher de retourner à la maison pour y faire attacher le paquet, lorsqu'en regardant machinalement autour de moi j'aperçus au fond de ma voiture... une épingle, que je m'empressai de ramasser et avec laquelle je réunis mes broderies.

GEORGES

Et vous êtes allée directement chez Mme Varez ?

FLORENCE

Directement, et c'est en descendant l'escalier que j'ai rencontré Suzanne.

GEORGES

Mais quel rapport voyez-vous entre votre épingle et Suzanne ?

FLORENCE, bondissant.

Comment, quel rapport ! Vous ne comprenez pas que, si je n'avais pas trouvé cette épingle dans la voiture, je rentrais à la maison, et que, si j'étais rentrée à la maison, je n'aurais pas rencontré Suzanne dans l'escalier de Mme Varez.

GEORGES, légèrement.

Quoi ! c'est une simple coïncidence.

FLORENCE, avec force.

C'est un enchaînement de faits.

GEORGES

D'une conclusion agréable, dans tous les cas, car vous avez été contente de retrouver votre amie.

FLORENCE

Absolument enchantée ; elle était tout à fait charmante.

GEORGES, souriant.

Elle ne regrette plus son mari ?

FLORENCE

Pauvre amie, je crois qu'elle n'a jamais eu à le regretter ; elle n'a pas été très heureuse.

GEORGES, riant.

Et vous, me regretteriez-vous ?

FLORENCE

Je vous déteste, mais je vous regretterais un petit peu tout de même. Quant à Suzanne, vous ne pouvez pas vous figurer comme je lui ai trouvé l'air heureux. Elle était radieuse, et ce qui l'embellit de la sorte, je suis sûre que c'est de s'occuper de bonnes œuvres !

GEORGES

Quelles bonnes œuvres ?

FLORENCE

Elle a organisé une crèche, elle m'a raconté en deux mots qu'elle habillait, nourrissait, élevait une quantité de petits enfants pauvres.

GEORGES

Mais c'est très louable ; ça l'occupe avant qu'elle ne se remarie.

FLORENCE, vivement.

Mais il ne faut pas qu'elle se remarie ; je la crois trop intelligente pour recommencer une deuxième fois cette sottise !

GEORGES

Si elle tombe mieux.

FLORENCE

Elle est beaucoup plus heureuse au milieu de ces petits enfants pauvres auxquels elle rend service.

GEORGES, riant.

Nous l'empêcherons donc de se marier, si l'envie lui en prenait, et uniquement pour vous faire plaisir, ma chère petite Flo. Du reste, vous n'êtes pas seule à avoir rencontré quelqu'un aujourd'hui, j'ai moi-même retrouvé Robert.

FLORENCE, frappée.

Robert ! Voilà qui est extraordinaire !

GEORGES, calme.

Pourquoi ça ?

FLORENCE

Comment, vous ne vous souvenez donc pas que Robert a dû, justement, épouser Suzanne autrefois ?

GEORGES, légèrement.

Vous avez raison, je ne m'en souvenais plus.

FLORENCE, inspirée et pénétrée.

Et alors mon épingle aurait des conséquences plus graves et plus lointaines que je ne le pensais.

GEORGES, curieusement.

Pourquoi ça ?

FLORENCE

Parce qu'il est impossible qu'il n'existe pas un enchainement fatal, entre ma rencontre de Suzanne, votre rencontre de Robert, et les conséquences que nous pouvons en redouter.

GEORGES, riant.

Et si je vous racontais, ma chère amie, que si j'ai rencontré Robert, cela tient à un chat ?

FLORENCE

Ah ! mon Dieu ! vous me faites peur !

GEORGES

Pas à autre chose ; j'étais debout au coin du boulevard Haussmann et de l'avenue de Messine, hésitant si je devais prendre l'un ou l'autre, quand j'ai aperçu un chat qui traversait l'avenue de Messine. Vous savez que j'ai horreur des chats, alors, j'ai pris le boulevard Haussmann, où j'ai rencontré Robert. Sans un chat, je ne rencontrais personne.

FLORENCE, dédaigneuse.

Tout de même assez ridicule votre superstition des chats !

GEORGES

Je suis superstitieux, vous êtes fataliste ; vous n'avez rien à me reprocher. Les gens superstitieux cherchent à échapper aux mauvais signes ; vous, vous subissez le sort en courbant le dos. J'ai évité mon vilain chat, et j'ai rencontré mon ami Robert. J'en suis très content ; tandis que vous avez l'air effrayé au fond, — et je ne sais pas pourquoi, — d'avoir rencontré Suzanne.

FLORENCE

Je suis effrayée de toutes ces coïncidences ! Un chat ! une épingle ! et vous voyez que l'importance des faits va en grandissant. Où nous mèneront-ils ?

GEORGES, riant.

Ils ne nous mèneront jamais qu'où nous voudrons.

FLORENCE, sérieuse.

On ne résiste pas au Destin.

GEORGES

Bah ! quand on sait s'y prendre ! j'ai bien évité le chat !

FLORENCE, soupirant.

Puissiez-vous ne pas vous tromper ! et comment va-t-il Robert ?

GEORGES

Mais, extrêmement bien, ma chère amie, et je lui ai même trouvé le même air de gaieté que vous avez constaté chez votre amie Suzanne.

FLORENCE

Il ne s'occupe pourtant pas de bonnes œuvres, lui ?

GEORGES

Il s'est lancé dans la politique.

FLORENCE

Ce n'est pas tout à fait la même chose.

GEORGES

Mais çà l'occupe beaucoup, et c'est cette activité qui le rend joyeux et dispos, je pense. (*Il se frappe le front.*) Tiens! à propos...

FLORENCE

Qu'est-ce que vous avez?

GEORGES, se grattant la tête.

C'est extraordinaire !

FLORENCE

Mais qu'est-ce qui est extraordinaire ?

GEORGES

C'est que j'ai invité Robert à dîner, et je ne sais plus du tout quel jour !

FLORENCE

Il faut avouer que vous êtes distrait.

GEORGES, cherchant à se souvenir.

Je ne sais pas du tout si ce n'est pas pour ce soir.

FLORENCE, bondissant

C'est absolument impossible !

GEORGES, cherchant à se souvenir.

C'est que je n'arrive pas à me rappeler... Et puis, qu'est-ce que cela ferait, s'il venait ce soir ?

FLORENCE, exaspérée.

Comment ! Vous voulez qu'il se rencontre avec Suzanne ?

GEORGES, calme.

Quel inconvénient y voyez-vous ?

FLORENCE

Ils devaient se marier ensemble ; ils vont vouloir continuer !

GEORGES

Eh ! bien, ils continueront.

FLORENCE

Jamais chez moi ! je ne veux pas être responsable d'une rencontre, qui peut être aussi néfaste à Suzanne que son premier mariage.

GEORGES

Les deux hommes ne se ressemblent pas, voyons !

FLORENCE

Possible ! mais je ne veux pas y être mêlée. (*Elle s'énerve.*) Je vous en prie, rappelez-vous quel jour vous avez invité votre ami.

GEORGES

Je ne me souviens pas.

FLORENCE, très agitée.

Il est sûr que c'est pour ce soir ! Et alors vous voyez, vous qui paraissiez si maître des événements, combien la destinée arrange les choses sans que nous puissions rien y faire !

GEORGES

Voyons, mon amie !

FLORENCE, continuant avec véhémence.

Je trouve une épingle, vous rencontrez un chat, ça vous fait rire, et ces deux tout petits événements-là commandent à une succession d'événements qui nous échappent. Vraiment, il y a de quoi être terrifié. Et vous avez beau dire, il n'y a rien à faire; empêchez donc maintenant Robert de rencontrer Suzanne, et chez moi encore.. et tout ce qui peut s'en suivre, mariage, malheur, peut-être !...

GEORGES, riant.

Ma petite Flo, vous allez me faire peur.

FLORENCE, sentencieuse.

Nous sommes les jouets de la fatalité !
(*La bonne apporte une lettre à Monsieur.*)

LA BONNE

On attend la réponse.

GEORGES, lit la lettre et dit à sa femme d'un air triomphant.

Eh bien ! vous allez voir si nous sommes les jouets de la fatalité !

FLORENCE

Que recevez-vous là ?

GEORGES, content.

Une lettre de Robert, et écoutez bien ce qu'il me dit, c'est même fort amusant.

FLORENCE

De Robert ! mon Dieu que va-t-il encore se passer ?

GEORGES

Écoutez bien (*il lit.*) « Mon cher ami, ce qui
« m'arrive est tout à fait ridicule, et j'ose à peine
« l'avouer. Pour quel jour m'avez-vous invité à
« dîner ? Il me semble que c'est pour ce soir, mais
« je n'en suis pas sûr. Un mot au porteur, et excu-
« sez-moi. »

FLORENCE

Votre ami est à peu près aussi distrait que vous.

GEORGES

Il ne s'agit pas de distraction. Qu'est-ce que vous faites de votre fatalité maintenant ? Vous voyez bien que j'en suis le maître. Je vais écrire à Robert de venir un autre jour, et vos vœux seront comblés.

FLORENCE

Oh ! oui ! faites-le, je vous en prie.

GEORGES

Alors, vous vous entêtez à les empêcher d'être heureux ?

FLORENCE

Je vous ai dit là-dessus tout ce que je pensais.

GEORGES

Je fais toujours tout ce que vous voulez, je lui écris donc de venir dîner jeudi, et le Destin n'a plus de prise sur moi.

(*Il griffonne quelques mots et tend la lettre à sa femme.*)

FLORENCE, après l'avoir lue.

C'est très bien.

(*Elle se prépare à sonner quand la bonne arrive portant une lettre*).

LA BONNE

Une lettre pour Madame.

FLORENCE, curieuse.

Qu'est-ce que c'est encore? (*Elle ouvre la lettre et dit:*) c'est de Suzanne.(*Elle lit.*) « Ma chère Flo-
« rence, comment me pardonnerez-vous? Au der-
« nier moment, je me souviens d'un engagement
« très important qu'il m'est impossible de re-
« mettre. Ne soyez pas trop fâchée contre moi, je
« vous expliquerai tout et je suis sûre alors que
« vous ne m'en voudrez pas. Au contraire, si vous
« m'aimez, vous serez très contente. Si vous vou-
« lez bien de moi, je viendrais dîner avec vous
« jeudi. »
(*Elle laisse tomber la lettre avec accablement.*)

GEORGES

C'est tout de même bien drôle!

FLORENCE

Mon cher ami, cette fois, vous ne nierez pas que le sort ne s'acharne.

GEORGES

J'avoue que cette fois, c'est assez bizarre.

FLORENCE

Nous n'y échapperons pas!

GEORGES

Pardon, pardon, il y a une persistance fort cu-
rieuse dans ces coïncidences, mais nous ferons ce que nous voudrons tout de même!

FLORENCE, découragée.

Mais, comment ?

GEORGES

Ma lettre à Robert n'est pas partie, je la déchire, et je le prie de venir ce soir.

FLORENCE, sur un ton découragé.

Faites tout ce que vous voudrez, je m'abandonne, je ne lutte plus ! Tout cela est la conséquence de mon épingle et de votre chat !

GEORGES, écrit une nouvelle lettre et la porte à la bonne qui est dans la salle à manger. Il revient en disant :

Cela n'empêche pas que je suis encore le plus fort, que nous allons dîner ce soir avec Robert tout seul, et jeudi avec Suzanne toute seule. (*Embrassant gentiment sa femme.*) Ma chère petite Flo, c'est votre volonté et seulement votre volonté qui triomphe. Embrassez-moi. Et laissez-moi souhaiter que Robert arrive vite, car je commence à avoir très faim. (*On entend un coup de timbre.*) On sonne, c'est lui.

SCÈNE DEUXIÈME

LES MÊMES, SUZANNE entrant.

FLORENCE, poussant un cri de surprise.

Suzanne ? Vous?

SUZANNE, essoufflée.

Je me suis tant pressée que je ne puis plus respirer.

FLORENCE

Mais comment se fait-il? Après votre lettre?

GEORGES, à part.

Cela devient un peu effrayant tout de même!

SUZANNE, rapidement.

Vous l'avez reçue déjà? Oh! cela devient un peu compliqué, et j'ai agi avec une étourderie! L'engagement dont je vous parlais dans ma lettre n'était pas pour ce soir, seulement je ne m'en suis aperçue qu'une fois ma lettre partie, j'espérais arriver avant elle. J'ai sauté dans une voiture, mais j'arrive trop tard, n'est-ce pas? Je vais vous déranger?

FLORENCE, sans conviction.

Mais non! C'est très gentil, très gentil.

GEORGES, aussi un peu surpris.

Mais oui, c'est aimable d'être venue.

SUZANNE, les examinant l'un après l'autre.

Non! Vous ne m'attendiez plus et vous n'êtes pas contents que je sois venue. Est-ce que je vous dérange, dites?

FLORENCE, se surmontant, va embrasser Suzanne.

Mais non, quelle idée! Voyons! Venez vous défaire dans ma chambre.

(*Les deux femmes sortent.*)

GEORGES, seul, se promène de long en large.

C'est tout de même un peu fort qu'avec toutes les précautions que j'ai prises le hasard soit plus fort que moi.

FLORENCE, revient seule, triomphante, mais un peu inquiète.

Eh bien! mon ami? qu'est-ce qui avait raison?

GEORGES

Je commence à croire que c'est vous.

SUZANNE, qui revient.

Mes chers amis, je vous dois tout de même une explication.

GEORGES, aimable.

Nous n'en avons pas besoin, puisque vous êtes venue, c'est tout ce que nous demandons.

SUZANNE

Mais je vous la donnerai tout de même, parce qu'il y a là-dedans des choses sérieuses qu'il faut que mes bons amis connaissent.

FLORENCE

Sérieuses, mais pas tristes?

SUZANNE, souriante.

Pas tristes du tout, mais je vous conterai cela à table, je ne veux pas retarder votre dîner.

GEORGES

Nous attendons encore un de mes amis.

SUZANNE

Ah! mon Dieu! Je comprends maintenant, je vous dérange, je suis décidément tout à fait indiscrète.

GEORGES

Mais non!

SUZANNE

Mais si, je sens que je suis indiscrète, j'aurais dû ne pas venir. Qui est-ce, ce monsieur? (*On sonne.*)

SCÈNE TROISIÈME

LES MÊMES, ROBERT

SUZANNE, pousse un cri.

Ah! mon Dieu.

ROBERT, à Suzanne.

Quoi! Vous ici?

GEORGES, à Robert et à Suzanne.

Ah ! Ah ! vous vous reconnaissez ?

FLORENCE, à part et nerveuse.

Ça y est !

SUZANNE, librement à Robert.

Vous savez que vous avez manqué de me rendre très impolie pour mes amis, car je croyais que vous m'aviez donné rendez-vous pour ce soir.

FLORENCE, stupéfaite, à part.

Comment, rendez-vous ?

ROBERT, à Suzanne.

Je croyais avoir écrit lisiblement, pardonnez-moi.

GEORGES, à part.

Comment ils s'écrivent !

SUZANNE, se retournant du côté de Georges et de Florence.

Mon Dieu ! Mon Dieu ! Mais nos pauvres amis ne doivent rien comprendre à ce que nous disons, il faut leur expliquer, dites-leur, mon cher Robert.

ROBERT, à Suzanne, très caressant.

Non, dites-leur vous-même. Suzanne, cela me fera tant de plaisir de vous l'entendre dire.

SUZANNE, à ses amis.

Nous sommes fiancés !

GEORGES et FLORENCE, ensemble et stupéfaits.

Allons donc !

SUZANNE, rapidement.

Oui, je suis seule au monde, je n'ai plus de famille, Robert m'a demandé ma main, je crois qu'il m'aime depuis longtemps.

ROBERT, l'interrompant.

Oui, Suzanne, depuis très longtemps.

SUZANNE

Je crois qu'il sera un bon mari.

FLORENCE

C'est une grosse nouvelle, en effet.

GEORGES

Et à laquelle nous ne nous attendions pas.

ROBERT

N'est-ce pas que c'est une heureuse nouvelle. Nous ne voulions pas vous l'annoncer ce soir, c'est le hasard qui nous a un peu devancé.

FLORENCE, gravement.

Le hasard !
(*La bonne entre et dit :*) Madame est servie.

GEORGES, gai.

Allons ! les fiancés, donnez-vous le bras.
(*Ils passent, Georges et Florence restent derrière.*)

FLORENCE, à Georges.

Eh! bien! Qu'en pensez-vous?

GEORGES

Je suis ébranlé.

FLORENCE

Ah! mon ami! cette fois la démonstration est faite; nous pouvions bien nous débattre, rien n'y aurait fait, et, s'ils ne s'étaient pas rencontrés ici, ce soir, ils ne s'en seraient pas moins mariés quand même.

GEORGES

Peut-être avais-je tort et ne peut-on vraiment rien contre le Destin?

FLORENCE, très grave.

On ne peut rien, mon ami.

GEORGES, gaiement.

Soit! mais pourquoi en avoir si peur tout de même? Quelquefois il arrange bien les choses, et aujourd'hui il n'a fait que des heureux!

Rideau.

LE MARIAGE AUX LILAS

COMÉDIE EN UN ACTE ET EN VERS

Par René Delorme

PERSONNAGES

L'ONCLE ANDRÉ, 50 ans.
FERNAND, 25 ans.
JANE, 18 ans.

LE MARIAGE AUX LILAS

Un délicieux jardin par une belle matinée de mai. — A droite une coquette maison de campagne. — Quelques chaises de jardin. — A gauche un bosquet sous lequel se trouve une table.

SCÈNE PREMIÈRE

L'ONCLE ANDRÉ ET FERNAND

L'ONCLE ANDRÉ

Fernand, regarde-moi cette blanche maison
Avec ses volets verts ! Hein ! n'ai-je pas raison
D'adorer ce réduit charmant, simple, champêtre.
Quand, par un beau soleil, j'entr'ouvre ma fenêtre,
Je me sens tout heureux d'avoir pour horizon
Ces arbres, où l'oiseau répète sa chanson.
Je m'enivre d'azur et de parfums de rose.
Le soleil est un roi prodigue, qui dispose
De grands trésors, et qui les jette à pleine main.
Il donne ses rayons aux pauvres du chemin :
A la petite fleur, il met un diadème,
Il donne le bonheur à l'homme afin qu'il aime,
Et quand c'est un vieillard qu'il rencontre en passant,
Il ramène à ses yeux le rêve éblouissant
D'autrefois, le Printemps, l'adorable préface
Du divin livre Amour. Ici, tout me retrace

Le passé. Ces lilas, ce sont les sinets blancs
Mis dans l'in-octavo des souvenirs brûlants,
Les raconteurs charmants d'une joyeuse Idylle...

FERNAND, grondant.

Mon oncle, vous venez de lire du Virgile !

L'ONCLE ANDRÉ

C'est vrai, je bucolise. Ah ! je suis si content
De te revoir après deux siècles — non pas tant —
Deux ans. — privé de toi ! c'est un rude carême
Pour ma Jane et pour moi, Monsieur, car on vous aime.
Mais qu'as-tu fait, dis moi, dans ton Paris ?

FERNAND

                                Oh ! moi,
J'ai fait... trois cent vingt-six sonnets fort beaux, ma foi.
J'ai fait... des dettes et des articles passables.
J'ai fait sur le billard des progrès remarquables.
Enfin j'ai fait... hier, ma malle pour venir.

L'ONCLE ANDRÉ

Quoi ! c'est là tout ce dont tu peux te souvenir.
Et ton droit ?

FERNAND

              Tiens, c'est vrai, maudite tête folle !
Oui, j'étais parti pour... ma foi, la chose est drôle,
Je l'ai complètement oublié.

L'ONCLE ANDRÉ

Le matin !
Mais comment le gronder par un si beau matin,
Quand un soleil de mai dore les blanches roses?

FERNAND, suffisant.

Mais j'ai su conquérir la science des choses!

L'ONCLE ANDRÉ

Ah! bah! — Vrai! dis-moi donc ce que tu sais, mon cher?

FERNAND

Mon oncle, voyez-vous, vous allez vous fâcher —
Si je parle, je vais vous chagriner sans doute. —
Vous marchez dans la vie, en suivant cette route
Poudreuse et rebattue où d'autres ont passé,
Et moi, je vagabonde et saute le fossé,
Ecrasant sous mes pas les naïves guirlandes
De fleurs.

L'ONCLE ANDRÉ

Eh! bien, tu peux fouler mes plates-bandes ?

FERNAND

Mon oncle, voyez-vous, j'ai l'horreur du banal,
Voilà tout!

L'ONCLE ANDRÉ

C'est très bien je n'y vois pas de mal.

FERNAND, allumant une cigarette.

Mais de la théorie on passe à la pratique,
Vous vantiez à l'instant votre maison rustique,
Avec ses beaux matins embaumés de lilas.
Mais c'est horriblement banal, mon oncle.

L'ONCLE ANDRÉ

                              Hélas !
Que dit-il ?

FERNAND

Je suis sûr que par un clair de lune
Cela doit rappeler, mais à s'y méprendre, une
Toile de l'Opéra-Comique, vieux décor
Pour le duo de la Falcon et du ténor.
Il ne manque qu'un lac au fond. Au moins j'espère
Que vous n'en avez pas de lac !
          (*L'oncle fait signe que non.*)
                        Dieu ! notre père,
Soyez béni.

L'ONCLE ANDRÉ

Fernand, étends un peu la main
— A droite — arrache-moi quelques fleurs de jasmin
Et dis si ce parfum est banal.

FERNAND, lançant une bouffée de tabac sur la fleur.

                          C'est bizarre !
Cela sent le tabac !

L'ONCLE ANDRÉ

Le Tabac ! Ah ! barbare,
Tu ne respectes rien, c'est un crime, Fernand,
De Lèse-Printemps.

FERNAND

Vrai, vous êtes étonnant
De lyrisme, mon oncle.

L'ONCLE ANDRÉ

Oui, plaisantez encore ;
Je m'en vais vous traîner au tribunal... de Flore,
Un coin de mon jardin, charmant et bien couvert,
Avec des lilas blancs dans le feuillage vert.
Coupable, vous direz devant ces têtes blanches
Que vous avez failli.

FERNAND

L'avocat des pervenches
Me permettra, tout en admirant son talent,
Sa phrase harmonieuse et son style éclatant,
De décliner l'honneur de cette promenade.

L'ONCLE ANDRÉ

Mais pourquoi ?

FERNAND

Les jasmins sentent trop la pommade.

L'ONCLE ANDRÉ

Dieu bon ! Si ta cousine entendait...

FERNAND, à part.

       M'y voilà
Ma cousine à présent! Comment dire cela ?
Mon oncle, vous aimiez beaucoup le vaudeville
Autrefois, n'est-ce pas ?

L'ONCLE ANDRÉ

     Eh ! laisse-moi tranquille,
Il s'agit bien vraiment...

FERNAND

     Plus que vous ne pensez.
Le sujet rebattu des auteurs à succès
Quel est-il ?

SCÈNE DEUXIÈME

L'ONCLE ANDRÉ, FERNAND, JANE arrivant par le fond
et écoutant sans être vue.

FERNAND, continuant.

— Un cousin qui fait à sa cousine
L'aveu de son amour ardent.

JANE, sans être vue.

      Ah ! je devine
Il s'agit de moi. Cher cousin. Il est charmant !

FERNAND

Les amoureux ont un petit empêchement —
N'importe quoi : Le père ou la mère s'oppose,
Voilà l'intrigue, il faut bien mettre quelque chose

Pour tenir l'auditeur en suspens un moment —
Mais la fin est la même invariablement.
On les marie hélas! et le public bonasse,
Content du résultat, dit en quittant la place :
Je l'avais deviné. — Quelle calamité!

L'ONCLE ANDRÉ

Ah! ça! Tu me prends donc pour un oncle exporté
Du Gymnase, et (*il montre sa maison*)
     perchant à l'Opéra-Comique?

FERNAND

Vous êtes le meilleur des oncles. Je m'explique :
Si vous comptiez m'unir à Jane, abandonnez
Ce projet.

JANE, à part.
  C'est affreux ce qu'il dit!

FERNAND
      Pardonnez
Car je parle avec trop de franchise, peut-être.

L'ONCLE ANDRÉ

Je n'en puis revenir. Au moins fais-moi connaître
La raison qui te fait briser mon cher espoir.

FERNAND

La raison ? — Mais mon oncle elle est facile à voir. —
N'est-ce pas trop banal d'épouser sa cousine,
De finir son roman d'une façon voisine
D'Octave Feuillet?

JANE, à part.

Ah !

L'ONCLE ANDRÉ

     Mon rêve, te voilà
Brisé, moi qui déjà vous voyais tous deux, là...

FERNAND

Jane est charmante.

JANE, à part.

    Ah ! c'est encore heureux.

FERNAND, continuant.

          Jolie...

JANE, à part.

Ah ! vrai !

FERNAND

  Mais elle est trop...

JANE, à part.

      Restriction polie !...

FERNAND

Blonde, et le blond c'est si banal.

L'ONCLE ANDRÉ

        Tais-toi,
Tu me fais mal. — (*Il sort très ému.*)
    Mon pauvre rêve !

SCÈNE TROISIÈME

FERNAND, JANE

JANE, sans être vue de Fernand.

Je ne veux pas partir comme vous, mon bon père.
Mon cousin me repousse, eh bien — soit ! c'est la guerre —
Je vais le refuser d'abord. C'est mon devoir.
Je l'aimais pourtant bien !

FERNAND, les yeux tournés du côté par lequel est sorti son oncle.

Pauvre oncle, j'ai cru voir
Dans ses yeux une larme. Il pleure. Excellent homme !
Sa douleur me remue et me tourmente. En somme
Est-ce ma faute à moi ?
(*Il s'assied sous le bosquet.*)
L'artiste est dirigé.
Par une main puissante et surhumaine. J'ai
Vu la voie étroite et très sombre qui m'appelle.
L'Art ! L'Art ! L'Art !
(*Il trouve du papier sur la table et se met à rimer.*)

JANE, s'approchant sans être vue.

Il écrit. Attendons un peu.

FERNAND, enchanté de ses vers.

Quelle
Poésie !

JANE

Ah ! ça mais quand finira-t-il donc ?

Un moyen ! oui.
(*Elle court s'asseoir sur une chaise du côté opposé à Fernand.*)
Je m'en vais chanter un peu.
(*Elle chante.*)
Pour recevoir le mois de mai
La terre a mis sa robe verte.

FERNAND, dérangé.

Bon !

JANE

La fleur divine s'est ouverte
Exhalant son chant parfumé.
Vive mai ! Vive mai !

FERNAND

Jane a du rencontrer les vers de sa romance
Dans une papillotte. (*Il se remet à écrire.*)

JANE

Allons. Il recommence.

FERNAND, se relevant.

Au *Fidèle Berger* !
(*Il montre son papier.*)
Voilà du ciselé :
(*Il déclame*)
Brahma ! Vicknou ! Siva ! la trinité mystique.
Le Mahabharatta, comme vous commença,
Livre d'or, dont on doit, ainsi que Vyaça,
Adorer saintement le plus humble distique.
Voilà des vers !

JANE

Je passe à mon second couplet.
(*Elle chante.*)
Les étoiles ont allumé
Leurs diamants dans le ciel sombre
Et la vierge blonde, dans l'ombre,
Cherche la main du bien-aimé,
Vive mai ! Vive mai !

FERNAND, quittant sa place.

Je ne puis travailler avec cette rengaine
En mi-bémol. Bonjour, cousine, l'âme pleine
De chansons, il paraît ?

JANE

Vous étiez là, cousin,
Bonjour. Si j'avais su vous avoir pour voisin,
J'aurais eu plus pitié de vos oreilles.

FERNAND, s'incline (à part).

Elle
Me savait là, c'est sûr.

JANE

Ah ! mon cousin, la belle
Journée, et quel joli paysage !

FERNAND

C'est peu
Réussi, mal posé, sans méthode. Et ce bleu
De ciel, faux !

JANE

Pourtant c'est naturel (*à part*), je n'ose
Lui parler. (*Haut.*) Avez-vous trouvé la chambre rose
Agréable ?

FERNAND

Fort bien. (*A part.*) Le papier est affreux,
Des bouquets inouïs avec des nœuds...

JANE

Je veux,
Mon cher cousin, je veux vous dire en confidence
Un secret. Je n'ai pu le faire par prudence
Hier ; vous arriviez et mon père est resté
Tout le temps près de nous. Puisqu'il vous a quitté
Pour un moment, causons.

FERNAND, prenant une chaise.

Ma cousine, j'écoute.

JANE

Vous savez que mon père a des projets... Sans doute
Il vous en a parlé déjà ; car c'est pour lui
Tout son espoir et tout son bonheur aujourd'hui.
Il veut, je ne sais trop comment je pourrai dire...
Nous garder près de lui... tous les deux. Il désire
Nous marier.

FERNAND

Vraiment. (*A part.*) La scène de tantôt
Qui va recommencer.

JANE

Et cela le plus tôt
Possible.

FERNAND

Le plus tôt... (*A part.*) Ah ! je te brûle un cierge,
Brahma, je te promets le nez de ma concierge
Si tu me sors d'ici.

JANE

Cousin, sans vous fâcher
Jurez-moi d'écouter tout.

FERNAND

Tout ? Je vais tâcher.

JANE

Eh bien ! je ne veux pas me marier.

FERNAND, à part.

Dissimulons. (*Haut.*) Cousine, ah ! comment puis-je croire...
Non vous ne voulez pas me faire ce chagrin.

JANE, à part.

Comme il ment. (*Haut.*) Ma foi si, mon très loyal cousin.

FERNAND, à part.

Et moi qui ne voulais que cela ! (*Haut.*) Quelle idée !
C'est votre dernier mot ? Vous êtes décidée ?

JANE

Le mariage est trop commun ; je ne veux pas
Prendre place avec tous à ce banal repas.

FERNAND, à part.

Ce n'est pas là le ton d'une pensionnaire.
(*Haut.*) Mais, ma cousine, alors que prétendez-vous faire :
Dîner seule ! c'est très gentil pendant un mois,
Un an, deux ans, si vous voulez ; mais je ne crois
Pas que cela soit doux pendant toute la vie
Et l'on doit se sentir, un beau jour, une envie
Terrible de goûter à ce repas banal
Du mariage, où tous s'attablent bien ou mal..
(*A part.*) (Duplicité ! voilà que je combats ma thèse.)

JANE

Cousin, vous y pouvez prendre place à votre aise,
Libre à vous. Quant à moi, j'aime la liberté,
Les fleurs et les oiseaux qui chantent dans l'été ;
Les fleurs et les oiseaux, ces choses animées
Et si douces, que Dieu, sur nos pas, a semées
Pour nous faire penser au ciel.

FERNAND

                    C'est très gentil.
Alors vous deviendrez la compagne d'Avril.
Avec le Rossignol, avec la Tubéreuse
Et le Rhododendron, Jane, soyez heureuse !

JANE

Rhododendron ! tenez, vous me faites l'effet
Des savants ou des gens dont l'esprit est mal fait.
Quand on leur dit : Etoile, ils répondent : Grande-Ourse
Et comme la harpie antique, dans la source

Pure de vos plaisirs, ils vont traîner le bout
De leurs ailes.

FERNAND

        Très bien, ma cousine. Est-ce tout ?
Vous m'appelez : Harpie ! Astrologue ! La liste
Est belle. Appelez moi donc bien vite herboriste
Et ne vous gênez pas. — Faites comme chez vous.

JANE

Vous le mériteriez, mon cousin, entre nous.
Pourquoi médire aussi de la fleur que j'adore,
Petit être qui vit d'un rayon, que l'aurore
Voit naître et le soleil couchant mourir. La fleur
Est si coquette avec sa toque de couleur.
Comme un bohémien, elle tient peu de place,
Pousse à sa fantaisie et contemple l'espace.
C'est un poète ; il faut l'aimer, rêveur obscur
Qui laisse s'envoler ses chansons vers l'azur ;
Car la voix d'une fleur c'est son parfum.

FERNAND, rêveur.

                        Quelle âme !
Qui donc a prétendu que la fleur et la femme
Sont sœurs ! Je ne pensais pas qu'un jour j'y croirais.

JANE

J'aime causer avec mes fleurs.

FERNAND

                Ah ! je voudrais
Vous entendre.

JANE

Je vous dis là des choses folles,
Je dois vous ennuyer par mes propos frivoles.

FERNAND

Non, Jane, faites-moi le plaisir d'achever.

JANE

Eh bien, quand je me sens d'une humeur à rêver,
Je vais tout au fond du jardin, dans une allée
Sombre comme la nuit, mais, comme elle, étoilée...
De Lilas blancs. Et nous causons pendant longtemps.

FERNAND

Et... de qui ?

JANE

Du ciel bleu, du soleil, du printemps.
Nous échangeons tout bas des confidences.

FERNAND, à part.

Chère
Jane, je l'adorais jadis. (*Haut.*) Il faut me faire
Voir ce pays charmant. Cousine, voulez-vous
Voyager avec moi, bras-dessus, bras-dessous.

JANE

Volontiers, mon cousin.

FERNAND

Nous allons voir sans doute
La Reine Mab, prenant son bain, dans une goutte
De rosée, au milieu d'un liseron doré.

JANE, à part.

Comme il change.
(*Ils sortent par une allée.*)

SCÈNE QUATRIÈME

L'ONCLE ANDRÉ seul (il arrive par une autre allée).

Non ! non ! Jamais je ne pourrai
M'en consoler. Voilà qui vient à la traverse
De mes projets. Fernand n'a pas l'âme perverse
Pourtant, mais ce Paris l'a perdu. Jane va
Pleurer ; ma pauvre enfant, pourquoi faut-il déjà
Que ton cœur souffre ; car, je le sais, elle l'aime.
Elle me le disait encor ce matin même.
Ils se sont tant aimés tous les deux autrefois.
Ils ne se quittaient pas. Ils allaient dans les bois
Ensemble, Jane avait peur ; lui, plein de courage,
Menaçait de tuer les loups. Ah ! l'heureux âge.
Fernand était heureux quand Jane avait souri.
Jane était fière au bras de son petit mari.
Ah ! son petit mari, c'est une pauvre tête
Aujourd'hui; je suis sûr qu'il me trouverait bête
Avec ce souvenir d'enfance: le meilleur !
(*Il voit le papier laissé par Fernand sur la table.*)
Tiens, des vers oubliés par notre rimailleur.
(*Il s'assied et lit sans rien entendre de la conversation de
Fernand et de Jane.*)

SCÈNE CINQUIÈME

L'ONCLE ANDRÉ (à part), JANE et FERNAND

(*Jane et Fernand rentrent par le fond en se donnant le bras; ils continuent leur conversation en se promenant.*)

FERNAND

Vous chantez à ravir, cousine. Tout à l'heure
J'ai très bien entendu : tra, la, la.

L'ONCLE, lisant, à part.

       Que je meure
Si j'en comprends un mot.

FERNAND

     Je chante aussi parfois.
Si vous voulez, un soir, nous verrons si nos voix
Vont ensemble.

L'ONCLE, à part.

Brahma ! Vyaça.

FERNAND

      La Romance
Que vous chantiez était divine.

L'ONCLE, à part.

       Je commence
A croire qu'il est fou ! Le Mahabharatta !

FERNAND

Les paroles sont... ?

JANE

Ah ! c'est un nom en *la*.
Ou bien en *mann*.

FERNAND

N'importe ! Elles sont très bien faites :
Vierge blonde..... le soir... le bien-aimé.....

JANE, riant.

Vous êtes
Dans l'erreur.

FERNAND

Ah ! veuillez m'en tirer en chantant
Encore ce second couplet que j'aime tant.

JANE

Je veux bien.

FERNAND

Pas ici ; mais là-bas, sous l'ombrage.

JANE

Là-bas ?

FERNAND

Oui, l'endroit est si beau.

JANE

Le paysage
En un quart d'heure a donc changé du tout autout,
Car vous le trouviez faux ! sans méthode et surtout...

FERNAND

J'avais tort, pardonnez ; j'avais la tête pleine...
Et venez me chanter mon couplet

JANE, malicieuse.

        pour la peine.
(*Ils sortent.*)

SCÈNE SIXIÈME

L'ONCLE ANDRÉ seul, et lisant toujours sous le bosquet.

Où diable a-t-il trouvé ce Mahabharatta,
C'est insensé. Je suis sûr qu'il trouve cela
Splendide — des grands mots vides que l'on accouple
Comme des lévriers que l'on mène par couple —
C'est malin, je ferais un vers ainsi bâti
D'un mot : Périférigérilérimini !
Seigneur !

SCÈNE SEPTIÈME

L'ONCLE ANDRÉ (sous le bosquet), JANE et FERNAND

(*Jane et Fernand rentrent par le fond ensemble et continuent leur promenade sur la scène.*)

FERNAND, cherchant à prendre la main de Jane.

Et la vierge blonde, dans l'ombre,
Cherche la main du bien-aimé.

>L'ONCLE, dans le bosquet, les apercevant.

Ah! tous les deux.

>JANE, évitant la main de Fernand.

>>A quoi sert que je chante

Si vous n'écoutez pas ce que je dis.

>FERNAND

>>>>Méchante,

Moi je....

>JANE, fuyant la main de Fernand.

>>Pourquoi changer les rôles, la chanson

Ne vous a jamais dit d'agir de la façon
Que vous faites. Bien sûr vous n'allez pas prétendre
Etre la vierge blonde.

>L'ONCLE, dans le bosquet.

>>Ah! je ne puis entendre.

>FERNAND

Non, ma foi.

>JANE

>>C'est heureux, le blond, c'est si banal.

>L'ONCLE ANDRÉ

J'entends très peu, c'est vrai ; mais je les vois très mal.

>FERNAND

Le blond banal! Qui donc a dit cette folie ?
Le blond c'est la couleur vaporeuse et jolie !

Le blond, c'est la couleur du soleil et de l'or
C'est la vôtre, cousine.

JANE, éclatant.

Ah ! vraiment, c'est trop fort !
Que disiez-vous donc là, ce matin, à mon père,
Monsieur ? — Elle est trop blonde et c'est banal ! j'espère
Que je suis au courant. Et j'ai tout entendu,
Car j'étais là — tout près de vous. Et j'aurais dû
Vous confondre plus tôt !

FERNAND

Ma cousine, j'atteste...

JANE, se sauvant en pleurs.

Ah ! j'ai tout entendu ; Monsieur, je vous déteste !

SCÈNE HUITIÈME

L'ONCLE ANDRÉ et FERNAND

FERNAND

Ah ! ciel !

L'ONCLE ANDRÉ, sortant du bosquet.

Il est tout seul. Fernand, écoute un peu,
Ton sonnet...

FERNAND

Mon sonnet, jetez-le vite au feu
Avec les autres.

(Il se sauve du même côté que Jane.)

SCÈNE NEUVIÈME

L'ONCLE ANDRÉ, seul.

Bon. Il se sauve, peut-être
Croit-il que je voulais lui lire ce...? Quel maitre
Fou! Cependant il m'a dit de jeter au feu
Ses sonnets, les Trois cent vingt-six. Mon cher neveu,
Cela me fait plaisir, c'est signe de sagesse,
Si les trois cent vingt-six sont de cette faiblesse,
D'en faire un magnifique et prompt auto-da-fé
Je serai le bourreau, ce sera bientôt fait.
Mais on vient.

(Il se gare.)
C'est Fernand qui cause avec ma fille.

SCÈNE DIXIÈME

L'ONCLE ANDRÉ, FERNAND et JANE
(Jane et Fernand entrent en se donnant le bras.)

FERNAND, bas à Jane.

O Jane, je vous aime.

L'ONCLE, étonné et joyeux.

En père de famille
Dois-je m'interposer?

FERNAND
Je t'aime !

JANE
> Est-ce bien vrai ?

FERNAND
Jane, je veux t'aimer autant que je vivrai.

L'ONCLE ANDRÉ, intervenant.
Eh! eh! les amoureux! avant de vous promettre
De vous aimer, il faut que je veuille permettre.
Et si je refusais...

FERNAND
> Vous ne le pouvez pas,

Mon oncle, il est trop tard. Nous venons de ce pas
Du Tribunal où vous vouliez que je paraisse
Ce matin, devant Flore. Et la blonde déesse,
Ainsi que Jane, a bien voulu me pardonner
A la condition d'obéir sans tarder
Au jugement des fleurs.

L'ONCLE ANDRÉ
> Et quel est-il ?

JANE, à Fernand qui lui fait signe de parler.
> J'hésite...

Les lilas nous ont dit : Mariez-vous bien vite.

Fin.

ÉCHEC ET MAT

COMÉDIE EN UN ACTE

Par Philippe de Rouvre

PERSONNAGES

LA COMTESSE d'EPSOM, 20 ans.
LUCIE AMBERT, 18 ans.
LE CHEVALIER d'AGRA, 28 ans.
LOUIS CONTET, 25 ans.
UN DOMESTIQUE.

ÉCHEC ET MAT

La scène représente un salon, à gauche un piano, à droite, une porte, au fond une fenêtre, devant la fenêtre un guéridon, près du piano une table sur laquelle est un jeu d'échecs; hôtel entre cour et jardin.

SCÈNE PREMIÈRE

LA COMTESSE d'EPSOM, LE CHEVALIER d'AGRA

LA COMTESSE, elle entre dans le salon, suivie du chevalier.

Je vous jure que si.

LE CHEVALIER
Je vous jure que non.

LA COMTESSE
Enfin, vous ne la connaissez pas ! Vous la verrez aujourd'hui. Elle revient d'Italie avec sa mère, et elle m'a promis de venir me voir aussitôt.

LE CHEVALIER
Elle serait aussi jolie que les sept péchés capitaux, que cela n'y ferait ni chaud ni froid. D'ailleurs, voulez-vous, comtesse, n'en parlons plus.

LA COMTESSE

Non pas, s'il vous plait, parlons-en, au contraire. Regardez-vous dans la glace, vous avez une mine de revenant!... Je ne veux pas que vous restiez dans votre solitude, vous entendez ?...

LE CHEVALIER

J'y resterai.

LA COMTESSE

Alors, c'est un parti pris ! Mon cher ami, il n'y a que les sots qui en aient.

LE CHEVALIER

J'ai le cœur pris, voilà tout...

LA COMTESSE

Pris d'un souvenir..., et de quel souvenir, je vous demande un peu ! une jeune fille qui ne vous aimait pas !

LE CHEVALIER

A ce que vous croyez.

LA COMTESSE

Elle vous aimait... parce qu'elle en épousait un autre, peut-être? Vous êtes adorable de fatuité... ou de simplicité.

LE CHEVALIER

Ce que vous voudrez..., mais je l'aime et ne peux l'oublier.

LA COMTESSE

Vous l'aimez, vous l'aimez, là !... Voilà le grand mot lâché. Vous l'aimez !... Eh bien, voulez-vous étudier avec moi, un instant, l'ange à qui vous gardez si fidèlement votre foi, dont elle se soucie peu ? Votre ange est blond comme les blés, ses yeux sont bleus d'azur, ses mains sont celles d'une poupée, ses pieds ceux d'un enfant, sa taille tient dans les dix doigts, soit...., je vous accorde tout cela. Mais quoi donc battait dans sa poitrine ? Quoi donc ?... Répondez ! Pourquoi Christiane a-t-elle épousé le marquis de la Reynie ? Vous ne sauriez répondre, ou plutôt vous n'oseriez le faire, car vous savez bien pourquoi : M. de la Reynie est marquis et riche ; ce n'est pas lui qu'elle a épousé, mais bien son titre et son or. Croyez-moi, au bout de ses mains elle a non pas des ongles, mais des griffes, et sa taille n'est pas celle de l'abeille, mais de la guêpe, dont elle a l'égoïsme.

LE CHEVALIER

N'étais-je pas riche aussi, moi ?

LA COMTESSE

Pas autant que le marquis. Du reste, vous souvenez-vous de la circonstance dans laquelle elle vous rendit votre bague, cet anneau de fiançailles qu'elle eût regardé comme un gage sacré si elle vous eût un peu aimé ? C'était au bruit de sinistres nouvelles qui faisaient planer sur votre tête l'aile du malheur et de la ruine.

LE CHEVALIER
La ruine m'a frôlé sans m'abattre.

LA COMTESSE
On ne savait pas et vous ne saviez pas vous-même ce qui adviendrait.

LE CHEVALIER, après un silence.
Et puis sa famille la poussait à ce mariage. Je l'avais, moi, mise au pied du mur ; il fallait qu'elle se prononçât.

LA COMTESSE
Elle eut le talent de le faire à bon escient ! Je vous le dis, c'est une coquette indigne de votre grand cœur.

LE CHEVALIER
Avez-vous terminé votre panégyrique ?

LA COMTESSE
Vous êtes poli !

LE CHEVALIER
Et vous... méchante.

LA COMTESSE
De chercher à vous convaincre de vos illusions, n'est-ce pas ? Vous êtes aussi insupportable qu'un

quadrupède à longues oreilles des pays basques!...
Vrai, c'est désolant!

LE CHEVALIER, souriant.

Savez-vous que vous êtes charmante en colère, comtesse, au point qu'en vous voyant si belle, j'oublierais presque mes sombres résolutions! (*Il soupire.*)

LA COMTESSE

Parce que vous connaissez mes serments *d'éternel veuvage*, n'est-ce pas? Faites-donc le flatteur pour faire passer votre entêtement! Mais je vous préviens qu'au premier compliment, nous nous brouillons...

LE CHEVALIER

Au fait, vous qui me prêchez le renoncement à mes vœux d'*éternel célibat*, pourquoi ne me donnez vous pas l'exemple? Vous êtes veuve depuis quinze mois, après quinze jours de mariage..., vous êtes jeune encore...

LA COMTESSE

Encore! c'est heureux!

LE CHEVALIER

Je précise... Vous avez vingt ans... Qu'attendez-vous? Que vous ayez des cheveux blancs?

LA COMTESSE

Eh bien! viennent-ils donc si vite?

LE CHEVALIER

Non..., mais ils viendront, si vous attendez. Pour le moment, vous jouissez de tous vos avantages, et rien ne vous empêche de choisir, à votre gré, un époux ; commencez et alors...

LA COMTESSE

Alors ?

LE CHEVALIER

Alors, vous aurez seulement le droit de me prêcher ; jusque-là, n'en parlons plus. Tenez, à dire vrai, je ne sais plus si c'est l'amour qui m'attache encore à Christiane.

LA COMTESSE, à part.

Il y vient. (*Haut.*) Qui vous attache, alors ?

LE CHEVALIER

Le dépit, sans doute... Je ne sais... Je crois que si votre cousine était une de ces beautés idéales que nous montrent les toiles de l'école italienne, la fantaisie m'en viendrait peut-être, et je l'épouserais pour que Christiane pâlit de rage en me voyant au bras une femme plus belle qu'elle.

LA COMTESSE, avec dépit.

Vous êtes fou, mon cher ami. Comment, cette pensée seule vous guiderait ? Mais ce serait une indignité.

LE CHEVALIER

Mais aussi une si douce vengeance !

LA COMTESSE

Vous divaguez !... Vous n'avez donc jamais pensé sérieusement au mariage ? Vous n'avez donc jamais vu que la beauté qui frappe les yeux ?... Vous n'avez donc jamais eu l'idée que ces attraits sont éphémères, et qu'à côté d'eux, pour le mari, il en faut de plus durables... que le cœur seul possède ? La beauté de votre femme est à tout le monde, car tout le monde la voit. Si vous cherchez chez elle quelque chose pour vous seul, ce n'est pas dans ses traits que vous le trouverez : c'est dans son âme. Il n'y a de divorce aujourd'hui que par la mort, et vous ne savez pas combien de temps vous devez porter votre chaîne : or, la femme que vous épouseriez ainsi aurait le droit, je vous jure, de vous la rendre lourde, et de se venger d'avoir été l'instrument de votre petite vengeance, eût-elle ou non du cœur !...

LE CHEVALIER

Comtesse, jugez-vous les autres...

LA COMTESSE

D'après moi ?... Certes oui. Mais heureusement pour vous, je ne crois pas un mot de ce que vous dites. (*Riant.*) Je vous montrerai bientôt ma cousine Lucie Ambert ; elle sera peut-être l'idéal que

vous cherchez!... Mais vous l'aimerez, n'est-ce pas?
Ah! je le veux, ou sans cela...

LE CHEVALIER

Oh! soyez tranquille, seulement, comme vous le dites vous-même, je déraisonne, et ne suis bon, avec mes théories, qu'à rester garçon. Voulez-vous faire une partie d'échecs?

LA COMTESSE

C'est ce que nous verrons... Oui, apportez l'échiquier sur cette table.

LE CHEVALIER, apportant l'échiquier.

Au moins, si vous voulez gagner, vous ferez trêve à vos sermons!

LA COMTESSE

Vous êtes un enfant...

LE CHEVALIER

Un enfant, c'est cela!
    (*Ils rangent les pions.*)

LA COMTESSE

Vous avez huit ans de plus que moi, et l'homme est enfant jusqu'à trente ans. Je réponds bien que si vous m'apparteniez, je vous mènerais en lisières!... et si Lucie il y a..., je lui recommanderai de les tenir courtes, très courtes.

LE CHEVALIER

A vous, comtesse.

LA COMTESSE

J'attends que vos pions soient en ordre... Votre reine... Où avez-vous la tête?... Ah!... A vous maintenant...

LE CHEVALIER

Quelle abondance de paroles!

LA COMTESSE

César dictait sept lettres à la fois. Moi, je cause sans perdre la tête, et vous, mon ami, vous la perdez sans causer. Tenez : ne touchez donc pas ce pion, ou vous êtes battu.

LE CHEVALIER

Le coup du berger n'est pas un coup : tout le monde le connaît.

LA COMTESSE

Enfin il était fait si je ne vous en eusse averti. Vous n'avez pas l'esprit au jeu aujourd'hui.

LE CHEVALIER

Ne vous pressez pas tant de chanter victoire. Vous connaissez l'histoire de Perrette...

LA COMTESSE

Je vous parie que je gagne cette partie-ci comme *l'autre*.

LE CHEVALIER

Quelle autre ?

LA COMTESSE

Celle que j'engage contre votre célibat : vous représentez le célibat; moi, le mariage. Je gagnerai.

LE CHEVALIER, ricanant.

Echec à la dame !

LA COMTESSE

Ne touchez pas à la reine, chevalier ! ne touchez pas à la reine!... Je prends votre tour, n'y revenez plus.

LE CHEVALIER

Oh ! ce n'est pas le nombre des soldats qui fait remporter les batailles : c'est le talent du général.

LA COMTESSE

Nous verrons lequel de nous deux est le plus grand capitaine ; mais vous feriez bien de n'être point distrait.

LE CHEVALIER

Et vous de ne point tant causer. (*Silence et jeu.*)

LA COMTESSE, après un silence.

Ainsi, vous avez dit que si je vous montrais que je suis lasse du veuvage..., qui est le célibat des femmes..., que si j'oubliais mes vœux..., qu'enfin, si je me mariais..., vous en feriez autant ?

LE CHEVALIER

Pas exactement et même pas du tout !... mais pas du tout.

LA COMTESSE

Pourtant...

LE CHEVALIER

Enfin, peu importe !... là, solennellement, je m'engage à vous imiter.

LA COMTESSE

Bien vrai?

LE CHEVALIER

Vrai.

LA COMTESSE

Prenez garde, car...

LE CHEVALIER

Car?

LA COMTESSE

C'est dit. J'ai votre parole.

LE CHEVALIER

Vous l'avez. Je me risque, quoi qu'il puisse m'en coûter de comprimer mon cœur... Ah! vous êtes cruelle et vous méconnaissez l'empire de cette passion; je vous ai dit cependant ce que j'ai failli faire au mariage de Christiane, je voulais...

LA COMTESSE, riant.

Oh! je sais, l'assassiner! n'est-ce pas?... mais heureusement ce n'a été qu'un projet.

LE CHEVALIER

Vous riez!... je vous jure bien que la chose fût arrivée si je n'avais été enlevé brusquement de Paris, par une dépêche impérieuse, la veille du mariage. Quand je revins, son mari l'avait emmenée au loin; une affaire déplorable, comme vous savez, menaçait de me ruiner, entraînant avec moi un de mes amis. Ce malheur-là fit diversion à l'autre; il me sembla qu'elle avait soupçonné cette ruine, que c'était là ce qui l'avait éloignée de moi, ainsi que vous le disiez à l'instant. J'oubliai mes larmes d'amour, pour pleurer sur l'infortune de mon pauvre ami, plus compromis que moi... Mais, que voulez-vous? Ces passions-là peuvent sommeiller, elles ne peuvent pas mourir; elles changent de forme... on hait alors qu'on n'adore plus...

LA COMTESSE

Ainsi, vous l'auriez tuée..., mais pourquoi, grand Dieu!

LE CHEVALIER

Oh! je ne sais pas pourquoi!... parce que j'avais perdu la raison... parce que je l'avais aimée... voilà tout.

LA COMTESSE, lui tendant la main.

Calmez-vous, mon ami..., elle n'était pas digne de votre amour, elle n'est pas plus digne de votre haine, elle ne l'est pas de vos souvenirs.

LE CHEVALIER, attendri.

Mais vous, ange consolateur du malheureux, n'auriez-vous pas guéri déjà mes blessures, si elles n'étaient mortelles?...

LA COMTESSE

Elles guériront, j'en suis sûre.... D'abord et toujours, espoir, ensuite courage; je ne veux pas, moi, qu'elles soient mortelles, et j'en réponds; mais rappelez-vous votre promesse... Eh bien!... et nos échecs?...

LE CHEVALIER

Voyons, plus de distractions!... Que je suis absurde!... Où en étions-nous donc? Ah! comtesse. si jamais vous vous mariez, épousez-moi, nous nous consolerons tous deux! Ou plutôt c'est moi qui serai consolé, car je crois que vous n'avez pas besoin de l'être. (*Le jeu se continue sans incident.*)

LA COMTESSE

Vraiment?

LE CHEVALIER

Toujours le sourire aux lèvres: il est rare d'avoir en même temps le deuil au cœur.

LA COMTESSE

Ah ! je suis consolée !... Qu'en savez-vous ? que voulez-vous dire ? Comment ? Par qui, s'il vous plait ?

LE CHEVALIER

Oh ! par personne... Vous n'avez jamais été bien désolée.

LA COMTESSE

Vous dites cela sur un singulier ton..., par personne, fort bien ! Mais Ulysse en parlant au cyclope s'appelait Personne, et Ulysse, c'était quelqu'un !...

LE CHEVALIER

Comtesse ! comtesse...

LA COMTESSE, riant à part.

La jalousie le vaincra peut-être.

LE CHEVALIER

Eh bien ! Alors, peut-on savoir à qui appartient le pseudonyme de Personne ?

LA COMTESSE, à part.

Je vois que je n'ai pas à craindre Lucie. (*Haut.*) Quelle mouche vous pique ?... Vous êtes trop curieux. D'abord je n'ai pas dit qu'il eût un propriétaire. Si vous le voulez savoir, cherchez et vous trouverez... peut-être !

UN DOMESTIQUE

M. Louis Contet demande si Madame peut le recevoir.

LA COMTESSE, à part.

Comme il arrive à point. (*Haut.*) Faites entrer. Chevalier, je vous congédie pour un instant.

LE CHEVALIER

Mais... pourquoi ?

LA COMTESSE

Vous êtes indiscret ; j'ai mes raisons.

LE CHEVALIER

Et notre partie d'échecs ?

LA COMTESSE, tapant du pied.

Vous entendez !... C'est un armistice... Attendez dans la bibliothèque.

LE CHEVALIER

Mais...

LA COMTESSE

Allez, allez..., je vous ferai savoir la reprise des hostilités.

SCÈNE DEUXIÈME

LA COMTESSE D'EPSOM, LOUIS CONTET

LOUIS, au chevalier qui dort.

Vous partez ?

LE CHEVALIER

On me renvoie... Mais au revoir. (*Il dort.*)

LOUIS, à la comtesse, lui donnant la main.

Comtesse, comment va votre chère santé ?

LA COMTESSE

Bien. Asseyez-vous et causons ; j'ai beaucoup de choses à vous dire.

LOUIS, prenant un siège.

Je suis tout oreilles.

LA COMTESSE, partant d'un éclat de rire.

Je ris ! c'est que, tenez, je suis folle aujourd'hui, et si nous n'étions de vieilles connaissances, certainement vous me prendriez pour une échappée des petites maisons... Voulez-vous conspirer ? Oh ! il ne s'agit pas de renverser un gouvernement, mais une idée dans la cervelle d'un homme ; je serai la tête, vous serez le bras... voulez-vous ?

LOUIS

Je n'y suis pas du tout... mais avec vous, comtesse, dussé-je risquer Mazas ou l'échafaud, avec vous, je suis de tout complot.

LA COMTESSE

A merveille! D'abord vous me promettez, sur l'amitié que je vous porte, le plus grand secret.

LOUIS

Je serai un tombeau.

LA COMTESSE

Bien. Et maintenant voici le plan... Vous ne plaisanterez pas, c'est très sérieux.

LOUIS

Un conspirateur ne plaisante jamais.

LA COMTESSE

J'arrive au fait: Le chevalier d'Agra, votre ami, qui sort d'ici, a juré, vous savez pourquoi, de ne jamais se marier (*approbation*), à moins que moi, qui porte le deuil d'un mari que j'ai possédé quinze jours et que je ne connaissais pas la veille de mon mariage, à moins que, dis-je, je ne lui donne l'exemple. Vous saisissez..., j'ai fait serment de le faire renoncer à son stupide célibat.

LOUIS

Et cet exemple?

LA COMTESSE

Attendez-donc! voilà où le complot commence... Je vous épouse!

LOUIS, avec stupéfaction.

Moi!

LA COMTESSE

Oh! pour rire, soyez tranquille; je sais que Lucie vous plaît plus que moi, et je ne m'en plains pas. Aussi, je la préviendrai, dormez en paix... vous savez qu'elle revient de Rome aujourd'hui ? (*Il fait signe que oui.*) C'est là que vous l'avez connue et puis aimée... Ainsi je vous épouse, et c'est vous qui allez l'apprendre au chevalier... vous n'êtes pas maladroit, et je m'en rapporte à vous, c'est convenu.

LOUIS, se levant.

Allons, soit, c'est convenu... Dites-moi donc, comtesse, est-ce qu'il n'y a pas sous ce petit jeu-là une petite pointe d'intérêt ?

LA COMTESSE

Cela va sans dire... puisque je veux qu'il cesse de se désoler dans son coin comme un hibou au soleil.

LOUIS

Je parle d'un intérêt... *personnel.*

LA COMTESSE

Halte-là, monsieur l'indiscret... Ceci est une conspiration..., vous devez être un instrument passif : obéissez, exécutez, sans chercher le pourquoi...

LOUIS

Pensez-vous que je ne l'ai pas déjà trouvé? La devise de la femme n'est-elle pas amour, toujours amour? D'abord l'amour de la poupée, puis celui du mari, puis celui de l'enfant. Vous avez brisé vos poupées et vous voulez retrouver le mari perdu... Eh! ne sera-ce pas aussi une frêle poupée, que vous briserez à son tour?

LA COMTESSE, avec indignation.

M. Contet, quand une femme aime son mari.

LOUIS

Et vous l'aimez, lui?

LA COMTESSE

Oui, je l'aime..., sans cela...

LOUIS

Vous y voilà..., vous vous êtes trahie...

LA COMTESSE

Trahie?... (*Avec impatience.*) Ne le dites pas, toujours.

LOUIS

Je serai muet... Seulement je vous avouerai que je ne comprends pas pourquoi comploter ; il serait bien plus simple...

LA COMTESSE, vivement.

Vous ne savez ce que vous dites.

UN DOMESTIQUE

Mademoiselle Lucie Ambert.

LA COMTESSE

Oh ! une idée, Louis ; nous allons l'effrayer avant de l'initier : laissez-moi faire.

SCÈNE TROISIÈME

LA COMTESSE, LOUIS CONTET, LUCIE AMBERT.

LA COMTESSE, allant à Lucie.

Bonjour, chère petite... Tu viens sans ta mère ?

LUCIE

Maman était trop fatiguée, mais moi je t'avais promis, je tiens... Bonjour, M. Louis.

LA COMTESSE

Mais elle va bien ? J'ai une grande nouvelle à t'apprendre... Tu ne pouvais mieux arriver.

LUCIE

Quelle nouvelle ?

LA COMTESSE, faisant signe à Louis.

Je te le donne en cent, en mille...

LUCIE

Mais dis donc.

LA COMTESSE, lui présentant Louis.

Voici mon mari.

LUCIE, atterrée.

Comment !

LOUIS, montrant la comtesse.

Et voici ma fiancée !

LUCIE

Comment !

LA COMTESSE, haut.

Ce n'est pas sérieux, folle !... Comme elle vous aime, Louis ; voyez comme elle est pâle, cette pauvre enfant ! (*Elle embrasse Lucie.*) Écoute, ma chère, Louis conspire avec moi contre le chevalier d'Agra, que tu connaîtras, et dans le complot il faut qu'il soit mon mari... qu'il passe pour mon mari .. Te remets-tu ?

LUCIE, bas à la comtesse.

Tu es une méchante. (*Haut.*) Et moi suis-je de la conspiration ?

LA COMTESSE

Sois avec le chevalier le plus guindée que tu pourras.

LOUIS

Ou autrement le complot tournerait contre moi.

LA COMTESSE

Oh ! cela..., jamais.

LOUIS

S'il prend la plaisanterie au sérieux, et qu'il veuille, pour remplir sa promesse, jeter les yeux sur... mademoiselle ?

LA COMTESSE

Allons donc ?

LOUIS

Ou bien que mademoiselle jette les yeux sur lui, par oubli de la sienne...

LUCIE

Vous mériteriez qu'il en soit ainsi pour l'avoir pensé, Monsieur.

LA COMTESSE, riant.

Ne craignez rien, Louis, je réponds de Lucie..., n'est-ce pas mignonne ? (*D'un air entendu.*) Et je réponds aussi du chevalier.

LUCIE

Mais, où veux-tu en venir ?

LOUIS

A abdiquer son titre de comtesse.

LUCIE

Tu te remaries ?

LOUIS

Soyez sûre que d'ici peu nous aurons une chevalière d'Agra.

LA COMTESSE

Eh bien, oui !... Si vous y tenez ;... mais pas d'indiscrétion surtout. Le mot d'ordre est : prudence et mystère.

LUCIE

Comme dans les mélodrames.

LA COMTESSE, elle sonne.

Comme dans les mélodrames... (*Au domestique.*) Dites à M. d'Agra (il doit être dans la bibliothèque) que je le prie de venir au salon... (*A Lucie.*) Qu'as-tu fait à Rome, la semaine sainte ? Y prie-t-on mieux qu'ailleurs, ou les vœux y sont-ils mieux exaucés ?

LUCIE

Oh ! quant à moi, ma chère, je trouve qu'on ne prie jamais mieux que dans la solitude ; et pour qui veut bien prier, il est inutile d'aller à Rome.

LOUIS

Combien vous avez raison, Mademoiselle ! Je ne sais trop pourquoi, étant enfant, je ne voulais pas prier à la grand'messe, persuadé que j'étais que jamais ma petite voix n'arriverait à Dieu au travers du bruit de l'orgue et des serpents ; je préférais les messes basses... Et maintenant, quand j'ai quelque chose à demander au bon Dieu, je choisis l'heure où les églises sont abandonnées : l'âme parle dans la solitude, le tumulte l'étouffe.

LUCIE

A Rome, j'étais tout occupée d'observer les cérémonies (*On frappe*) ; je te les raconterai si tu veux, Blanche.

SCÈNE QUATRIÈME

LA COMTESSE, LOUIS CONTET, LUCIE AMBERT,
LE CHEVALIER.

LE CHEVALIER

Me revoici, comtesse. (*Il s'arrête et salue.*)

LA COMTESSE

Lucie, le chevalier d'Agra. Chevalier, je vous présente ma cousine, Mlle Lucie Ambert. (*Saluts.*) A quoi avez-vous songé dans la bibliothèque, beau ténébreux ?

LE CHEVALIER

Je suis tombé sur un ouvrage de Musset, que j'ai feuilleté avec ardeur... Connaissez-vous ses vers à une jeune fille ?

LA COMTESSE

Lesquels ?... Il a écrit à tant de jeunes filles qu'on s'y perd.

LE CHEVALIER

Ceux qui finissent ainsi :

> Et qui sait souffrir et se taire
> S'éloigne de vous en pleurant.
> Quel que soit le mal qu'il endure,
> Son triste rôle est le plus beau :
> J'aime encore mieux notre torture
> Que votre métier de bourreau.

LA COMTESSE

Eh bien ?

LE CHEVALIER

C'est une bien triste vérité.

LA COMTESSE

Comme bien des vérités, si vérité il y a... Je vous laisse méditer sur elle, en tête-à-tête avec M. Contet. Nous sommes à vous dans un moment... (*Elle emmène Lucie.*)

LE CHEVALIER

Et notre partie?

LA COMTESSE, sortant.

Vous la perdrez, soyez tranquille.

SCÈNE CINQUIÈME

LOUIS, LE CHEVALIER

LOUIS

Eh! bien, mon ami, qu'y a-t-il de neuf? Que vas-tu me raconter pendant que ces dames sont allées causer..., sans doute de leur toilette... La toilette, la mode.... tout ce luxe d'étoffes, de dentelles, de bijoux et de fleurs, contre lequel nous crions tous, mais dont nous sommes tous ravis... Bizarre et injuste contradiction de l'homme, qui, après avoir tonné contre les dispendieuses élégances de sa femme, quitte le plus souvent le foyer conjugal pour, à son tour, gaspiller son or sur le turf, sur le tapis vert, ou dans certains boudoirs... Moi, qui ne suis pas de ce monde, je ne puis m'empêcher de rire de cette bouffonne comédie.

LE CHEVALIER

Pardieu ! mon cher, fais, dans quelque journal, une diatribe, non pas contre le luxe des femmes, mais contre la luxure des hommes... tu auras du succès ; je suis comme toi et je dis avec toi.

LOUIS

Il est surprenant que la petite comtesse d'Epsom n'ait pas été entraînée dans le tourbillon du jour. Qu'en penses-tu ?

LE CHEVALIER

La comtesse... c'est une perle fine au milieu de toutes ces perles fausses. C'est une rose vraie au milieu de ce bouquet de fleurs artificielles, et sa senteur est si douce qu'on ne s'attache qu'à elle ; elle a l'esprit de l'époque, sans en avoir les travers.

LOUIS, avec affectation.

Le portrait est assez frappant... Voilà bien les qualités qui doivent décider dans le choix d'une femme... C'est ce que je me suis dit bien des fois, il en est d'elle comme d'un vin qu'on déguste : avant de se l'approprier, il faut le goûter lentement ; aussi, ai-je étudié la comtesse depuis longtemps ; c'est, à coup sûr, la plus ravissante veuve qu'il m'ait été donné de rencontrer.

LE CHEVALIER

J'ai surtout remarqué la façon avec laquelle elle a su contenir tous nos Don Juan dans les bornes d'un galant respect; pas un n'en a pu dire du mal, les plus fats et les plus furieux en disent du bien; il n'y a certes pas à Paris deux femmes veuves et aussi jeunes et aussi jolies qui soient aussi estimées.

LOUIS, riant.

Tu as vu tout cela?

LE CHEVALIER

Qui ne l'a vu? Et tiens... si je pouvais aimer encore..., je ne chercherais pas un autre amour.

LOUIS

Je te remercie pour elle de tes éloges, mais... je te prie de t'arrêter là.

LE CHEVALIER

Je suis tout arrêté.

LOUIS

Peuh! je connais, mon cher, ces amours impérissables que chacun a eues et ensevelies. Un beau matin, on se réveille le cœur rajeuni et amoureux à nouveau... Tu y reviendras..., si ce n'est déjà fait. Oh! tu as beau dire non..., mais ne deviens pas amoureux de la comtesse, car tu es mon ami, et je ne voudrais pas... tu sais?... C'est Grisier qui m'a appris à tirer l'épée!...

LE CHEVALIER

Tu l'aimes, toi?

LOUIS
Il faut le croire, puisque... je l'épouse.

LE CHEVALIER
Tu l'épouses ?

LOUIS
Sans doute !... Qu'y a-t-il d'étonnant ?

LE CHEVALIER
Toi, tu épouses la comtesse d'Epsom ?

LOUIS
Oui.

LE CHEVALIER
Mais... mais elle avait dit pourtant qu'elle ne voulait pas se remarier.

LOUIS
Mon cher ami, franchement, c'est à toi que je dois ma bonne fortune. J'avais demandé sa main et j'attendais depuis longtemps sa réponse ; tout à l'heure elle a dit oui, en ajoutant que si elle consentait à m'épouser, c'était pour gagner un pari qu'elle tenait contre toi. La chose n'est pas à mon avantage, mais il m'importe peu ; plus tard elle reconnaitra qu'elle pouvait faire plus mal.

LE CHEVALIER
C'est impossible, c'est inouï. (*A part.*) Quelle idée m'est venue de tenir ce pari ?

LOUIS

Allons ! décidément ces dames sont en train de préparer une révolution dans la mode, et m'est avis qu'il doit falloir bien du temps pour résoudre une question aussi ardue, aussi importante. Je ne puis les attendre davantage, et je te laisse. A bientôt ; tu restes libre, heureux mortel, et moi je prends la chaine.

(*Il sort en fredonnant l'air du* Châlet)

Liberté chérie,
Seul bien de ma vie...

SCÈNE SIXIÈME

LE CHEVALIER

Elle se marie !... Je suis donc né maudit, que pas un cœur ne réponde au mien !... Elle se marie ! C'est impossible..., cela ne se peut pas, cela ne sera pas !

(*La comtesse entre*)

SCÈNE SEPTIÈME

LE CHEVALIER, LA COMTESSE

LA COMTESSE

Chevalier, nos échecs ; allons, vite, que je vous batte (*Il ne bouge*). Eh bien ! voulez-vous jouer ?

(*Le chevalier regardait l'échiquier; il regarde la comtesse.*) Est-ce à vous ou à moi — je n'en sais jamais rien. — C'est à vous, je crois.

LE CHEVALIER, venant s'asseoir devant l'échiquier.

C'est à moi, ou à vous, comme vous voudrez.

LA COMTESSE

Ah! ça! est-ce que vous allez trépasser que vous êtes si sombre? Ou bien l'ombre de Mme la marquise de la Reynie vous serait-elle apparue?

LE CHEVALIER, avec indifférence.

Vous faites un massacre de pièces...

LA COMTESSE

Une vraie saint Barthélemy, n'est-ce pas, mon cher protestant? car vous protestez, je ne pense pas contre les dogmes de la foi catholique, mais certainement contre ceux du mariage.

LE CHEVALIER

Et plus que jamais, Madame.

LA COMTESSE

Comment trouvez-vous ma cousine? Vous ne direz pas toujours qu'elle soit laide?

LE CHEVALIER

Il se peut qu'elle soit jolie... Je ne l'ai pas regardée.

LA COMTESSE

Ah! c'est trop fort! Et votre promesse! Vous savez que si vous y manquez, je vous mets au pilori de la galanterie, et que la renommée aux cent voix criera votre nom honni par-dessus les toits de Paris. — Vous êtes prévenu. — En attendant, j'ai gagné. — Oh! vous aurez beau faire, vous ne sauverez pas votre roi. — Vous jouez cela? — Vous y aurez la grâce d'un coup. Là, tenez, vous voyez ce petit fou qui a beaucoup plus d'esprit que n'en comporte son nom..... Chevalier, j'ai gagné. Échec au roi!

LE CHEVALIER, avec un soupir.

Et mat!... j'avoue ma défaite.

LA COMTESSE, se levant.

Vous ne saurez jamais jouer à ce jeu-là, tant que vous penserez à Christiane?

LE CHEVALIER, avec impatience.

Qui vous dit que je pense à Christiane?

LA COMTESSE

A ma cousine, alors?

LE CHEVALIER

Puisque je ne l'ai pas vue.

LA COMTESSE

Je vous l'ai dit cent fois : vous êtes un grand enfant. (*Elle va au piano.*) Vous rappelez-vous la

Flûte enchantée? Oui, vous savez la romance de Papageno. — Je vais la jouer, accompagnez-moi.

LE CHEVALIER
Je ne sais pas chanter.

LA COMTESSE
Cela ne fait rien.

LE CHEVALIER
Cela fait beaucoup ; lorsque vous jouez, on dirait une pluie de perles qui tombe harmonieusement sur le clavier, et j'irais vous accompagner en faux bourdon !

LA COMTESSE
Je vous ai défendu les compliments quand ils sont bien tournés ; à plus forte raison quand ils sont ridicules d'exagération... Nous nous fâcherons, je l'ai déjà dit.

LE CHEVALIER
Je me reprends ; vous jouez comme...

LA COMTESSE
Ne comparez-pas, mais chantez, je joue... (*La comtesse joue le morceau de Papageno.*)

LE CHEVALIER, fredonnant.
La vie est un voyage
Qu'on ne fait bien qu'à deux :
Femme jolie et sage
Comblerait tous mes vœux.

LA COMTESSE, s'arrêtant

Eh bien ?

LE CHEVALIER

Etes-vous contente ?

LA COMTESSE

Enfin... Que vous dit cette chanson ? n'êtes-vous pas de l'avis de Papageno ?

LE CHEVALIER, sombre.

Oui, certes ! Seulement, il est au monde des êtres déshérités, des êtres qui sont condamnés à vivre seuls ; leur parler mariage, c'est leur faire subir le supplice de Tantale.

LA COMTESSE

Votre ami Louis n'est pas dans cette catégorie.

LE CHEVALIER, sombre, impatient, agité.

Louis Contet ! Ah !

LA COMTESSE, avec affectation.

Il est en ce moment à se promener dans le jardin avec ma cousine.

LE CHEVALIER

Comtesse !

LA COMTESSE

Chevalier ?

LE CHEVALIER

Je vais vous sembler fou... Le fait est que je crois avoir perdu la raison, mais n'importe, écoutez-moi.

LA COMTESSE

Mais qu'avez-vous ? Vous m'effrayez.

LE CHEVALIER

Au nom de tout ce que vous avez de plus cher sur la terre et dans les cieux, je vous en supplie, ne vous mariez pas !

LA COMTESSE

Parce que la seconde partie du traité vous déplait ?

LE CHEVALIER

Pour cela, si vous voulez.

LA COMTESSE

Mais si je me marie, puisque vous le savez, c'est afin que vous vous y conformiez : la raison est trop mauvaise.

LE CHEVALIER

Que vous importe mon sort ? Laissez-moi comme je suis, mais ne vous mariez pas. Faut-il que je tombe à vos genoux ?

LA COMTESSE

Mais enfin, pourquoi ?

LE CHEVALIER

Pourquoi ? Vous le demandez ? Pourquoi ?... mais, parce que je vous aime !

LA COMTESSE

Vous m'aimez !

LE CHEVALIER

De toutes mes forces, de toute mon âme ! Ah ! Je vous en conjure, ne vous mariez pas.

LA COMTESSE

Et comment le pourrais-je, puisque moi aussi je vous aime.

LE CHEVALIER

Est-ce possible ?

LA COMTESSE, *menant le chevalier à la croisée sur le jardin.*

Tenez... Voyez Louis et Lucie, ils s'en vont, au bras l'un de l'autre, sans se rien dire, et rêvant de l'avenir ; l'univers est un grain de sable auprès de l'immensité de leur bonheur. Voulez-vous suivre leur exemple, mon mari ?

LE CHEVALIER

Mais cet autre mariage ?

LA COMTESSE

C'était une comédie... dont voici le dénouement.
(*Elle tend la main au Chevalier, qui l'embrasse.*)

LE CARNET

COMÉDIE EN UN ACTE

Par Fernand Giraudeau

PERSONNAGES

Mme DORVIEUX.
VICTOIRE.
GONTIER.

LE CARNET

Un salon, mobilier de campagne. — A gauche une porte. — Au fond une fenêtre et une porte. — A droite une cheminée, une glace, un cordon de sonnette. — Un piano couvert de morceaux de musique.

SCÈNE PREMIÈRE

Mᵐᵉ DORVIEUX, VICTOIRE. (Elles sont toutes deux assises. Victoire tient un journal dont elle vient d'interrompre la lecture.)

Mᵐᵉ DORVIEUX

Est-ce que ce n'est pas l'heure de m'habiller pour la musique ?

VICTOIRE

Mais non, Madame, il n'est que deux heures et demie.

Mᵐᵉ DORVIEUX

La journée est encore plus longue à Dieppe qu'à Paris !... Tu ne t'ennuies pas, toi ?

VICTOIRE

Oh ! moi, mes moyens ne me le permettent pas ; l'ennui c'est la maladie des riches.

Mᵐᵉ DORVIEUX

Tu es philosophe...

VICTOIRE, montrant le journal.

Faut-il continuer à vous lire « Les amours d'un égoutier ? »

Mᵐᵉ DORVIEUX

Peuh!... Il m'écœure, ce feuilleton naturaliste... j'ai envie d'en rester là...

VICTOIRE

C'est dommage !

Mᵐᵉ DORVIEUX

Tu trouves ? Essayons encore un peu...

VICTOIRE, lisant.

« Il fallait la voir, les bras nus, les mains rouges,
« les ongles noirs, faisant les plus sales besognes
« du ménage, lavant les assiettes toutes poisseuses
« de graisse figée, descendant verser les ordures
« dans le récipient municipal, puis remontant la
« boîte au lait fermée par un bouchon de liège et
« toute bosselée par places... »

Mᵐᵉ DORIEUX

Oh ! non décidément, j'en ai assez... Plus d'idéal ! même dans les livres... Plus de poésie !... Quel époque ! Et comme je m'y trouve dépaysée avec mes instincts romanesques... Lis-moi autre chose.

VICTOIRE

Les faits divers ?

M⁻ DORVIEUX

Soit !

VICTOIRE, lisant.

« *Horrible accident.* — Un touriste étranger,
« visitant le Creuzot pour son agrément, a commis
« l'imprudence de glisser sous le grand laminoir.
« Quand on l'en a retiré, son corps mesurait
« 7^m,50 de long. Malgré les soins qui lui ont été
« prodigués par les hommes de l'art, on n'a pas pu
« le rappeler à la vie. Une enquête est ouverte. »

M⁻ DORVIEUX

Quelle horreur !

VICTOIRE, lisant.

« *Evasion.* — Un pensionnaire de l'asile d'alié-
« nés de Caudebec vient de s'échapper... » Eh ! ce
n'est pas loin d'ici Caudebec : il viendra peut-être
se promener à Dieppe... cela distrairait Madame.

M⁻ DORVIEUX

Veux-tu te taire ! j'en aurais une peur !...

VICTOIRE, continuant.

« ... C'est un ancien acteur du théâtre de Bor-
« deaux qui, ayant été violemment sifflé dans *le*
« *Roi s'amuse*, en perdit la raison et, depuis cette

« époque, croit être François Ier. Ce fou est d'au-
« tant plus dangereux, qu'il a d'excellentes ma-
« nières, et qu'entre ses crises il est très calme et
« raisonne comme tout le monde. La gendarmerie
« recherche activement ce malheureux. »

Mme DORVIEUX, se levant.

Pas si malheureux !... Se croire François Ier vaut mieux que de se savoir un acteur sifflé. En le guérissant ne lui rendrait-on pas un triste service ?... J'envie presque le sort de ce roi imaginaire, si je pouvais me figurer que je suis une belle dame de sa cour !... Depuis que tu m'as lu ce livre si intéressant sur « Les femmes du xvie siècle », je raffole de cette grande époque... Il me semble que j'étais destinée à y naitre... Le bon Dieu, qui voulait m'envoyer sur terre vers 1500, m'aura oubliée dans un coin...

VICTOIRE, avec doute.

Madame croit ?

Mme DORVIEUX

Puis, il y a une trentaine d'années, s'apercevant de son oubli, il m'a jetée dans ce monde prosaïque et vulgaire pour lequel il ne m'avait pas créée... Où je devais épouser un avoué, — un avoué, qui, avait besoin des 200.000 francs de ma dot pour payer son étude et qui m'a prise par-dessus le marché, la dot n'allant pas sans la femme...

VICTOIRE

Un brave homme, M. Dorvieux!...

Mme DORVIEUX

Brave homme, soit ! Mais... pas Renaissance du tout.

VICTOIRE

Ça, je ne sais pas... Mais ce que je sais bien, c'est qu'il n'était guère gênant, qu'il ne s'occupait pas du tout de Madame, qu'il lui laissait faire ce qu'elle voulait, qu'il payait ses notes, et il y en avait de salées ! sans jamais grogner, enfin, que toutes les amies de Madame enviaient son bonheur.

Mme DORVIEUX

Comment le sais-tu ?

VICTOIRE

Par mes collègues, donc !

Mme DORVIEUX

Chacun comprend le bonheur à sa façon. Moi... je rêvais mieux ! J'aurais voulu inspirer une grande passion, faire un mariage d'amour !...

VICTOIRE

Il me semble qu'il n'aurait tenu qu'à Madame... Depuis qu'elle est veuve, j'ai vu rôder par ici plus d'un amoureux.

Mme DORVIEUX

Jolis amoureux ! Pour les éprouver, je leur faisais croire que le Krach m'avait enlevé les deux tiers de ma fortune : ils découvraient aussitôt qu'ils n'avaient pas les qualités nécessaires pour me rendre heureuse.

VICTOIRE

Madame aurait voulu qu'on l'épousât pour elle-même.

Mme DORVIEUX

Oui ; qu'on se battît pour me conquérir, qu'on m'enlevât au besoin !

VICTOIRE

Madame est trop... Renaissance, comme elle dit. Ces choses-là ne se voient plus de notre temps.

Mme DORVIEUX

C'est pourquoi je regrette de n'être pas née dans un autre.

VICTOIRE

Moi pas : nous serions bien avancées maintenant !

Mme DORVIEUX

J'avais même griffonné là-dessus quelques jolies phrases sur ce pauvre carnet que je ne puis me consoler d'avoir perdu... Tu n'en as pas de nouvelles ?

VICTOIRE

Non, Madame : rien au Casino, rien au bureau de police... Mais la perte n'est pas grande. Pour dix francs, Madame aura le pareil.

Mme DORVIEUX

Eh ! si je le regrette, ce n'est pas pour lui-même ; c'est pour ce qu'il contenait, pour toutes les confidences qu'il avait reçues. Sur ses pages, que je croyais discrètes, j'écrivais ce que je n'aurais osé dire à ma meilleure amie... Il connaissait mes plus intimes pensées, mes plus folles rêveries... Et maintenant trahissant ma confiance, il court de l'un à l'autre et conte tous mes secrets au premier venu... Oh ! quand j'y pense !...

VICTOIRE

Si nous le faisions tambouriner ?

Mme DORVIEUX

Y songes-tu ?... Pour que ceux qui l'ont trouvé sachent quelle est la pauvre âme chagrine dont ils ont surpris les épanchements ! (*Coup de sonnette.*) On sonne ! Avant d'ouvrir, vois donc qui est à la porte.

VICTOIRE, derrière la fenêtre.

Un monsieur que je ne connais pas.

Mme DORVIEUX, *s'approchant à son tour de la fenêtre.*

Ni moi non plus... Reçois-le, pendant que je vais m'habiller... Tâche de savoir ce qu'il me veut et viens me le dire.

(*Elle sort par la gauche. Victoire ouvre la porte du fond.*)

SCÈNE DEUXIÈME

VICTOIRE, GONTIER

GONTIER

C'est bien Mme Dorvieux qui demeure ici, Mademoiselle ?

VICTOIRE

Oui, Monsieur.

GONTIER

Dorvieux... sans apostrophe ?

VICTOIRE

Sans apostrophe... même en voyage !

GONTIER

Auriez-vous la bonté de me dire maintenant quel est son prénom ?

VICTOIRE

Mais, Monsieur, je ne sais si je dois...

GONTIER, paternellement, mais avec autorité.

Oui, mon enfant, vous le devez... (*Il lui glisse un louis dans la main.*)

VICTOIRE, à part.

Vingt francs !... Ma foi ! à ce prix-là. (*Haut.*) Eh ! bien, Monsieur, elle s'appelle Marguerite.

GONTIER, joyeux.

Marguerite !... Vous en êtes sûre ?

VICTOIRE, étonnée.

Comment ! si j'en suis sûre ? (*A part.*) Quel original !... (*Haut.*) Monsieur désire voir Madame ?.. Serait-il indiscret de lui demander pourquoi ?

GONTIER

Je songe à louer cette maison pour l'année prochaine, et je voudrais auparavant...

VICTOIRE

Inutile, Monsieur, nous sommes chez nous ici, et nous ne louons à personne.

GONTIER, à part.

Ah ! diable... Voilà ce qui me gêne... C'était mon prétexte ordinaire... Il faut en trouver un autre...

VICTOIRE, s'apprêtant à le reconduire.

Je vous salue, Monsieur.

GONTIER

Je ne m'en vais pas. J'ai à entretenir Mme Dorvieux d'un autre sujet plus délicat.

VICTOIRE

De quel sujet ?

GONTIER, cherchant.

Vous ne le devinez pas ?

VICTOIRE

Pas du tout...

GONTIER

C'est pourtant bien facile... (*A part.*) Je ne trouve rien.

VICTOIRE

Aidez-moi un peu.

GONTIER

Voyons, mon enfant ! Pour quel motif peut-on bien se présenter chez une personne qu'on ne connaît pas, qu'on n'a jamais vue ?...

VICTOIRE

Dame ! je ne sais pas... Pour prendre des renseignements sur un domestique ?

GONTIER, saisissant cette perche.

Voilà !... Vous l'avez deviné tout de suite.. C'était bien facile à deviner d'ailleurs, je vous le disais... Eh ! bien, oui, je viens demander à Mme Dorvieux des renseignements sur une femme de chambre.

VICTOIRE

Une femme de chambre ? Madame n'en a jamais eu d'autre que moi. Elle m'a vu naître. Je suis entrée à son service à douze ans, avant son mariage, et je ne l'ai plus quittée.

GONTIER

Ai-je dit : *femme de chambre ?*... Je suis si distrait !... Je ne puis avoir besoin de femme de chambre ; je suis garçon ; c'est une cuisinière que je cherche.

VICTOIRE

Oh ! c'est différent ! Des cuisinières, Madame en a eu beaucoup. De laquelle s'agit-il ?

GONTIER, embarrassé.

D'une fille qui paraît avoir conservé pour Mme Dorvieux un grand attachement...

VICTOIRE

Elle s'appelle ?...

GONTIER, à part.

Ah ! diable !... (*Haut.*) Qui est restée chez elle assez longtemps...

VICTOIRE

Mais son nom ?...

GONTIER

Et qui n'en est sortie que par un absurde coup de tête...

VICTOIRE

Ah ! Françoise !

GONTIER

Précisément !.. C'est de Françoise qu'il s'agit.

VICTOIRE

Bien, Monsieur, je vais prévenir Madame.

GONTIER

Pas encore ! Rien ne presse. Laissez-moi d'abord jeter un coup d'œil sur cette jolie installation... (*Il inspecte la pièce.*) Un piano ?... Votre maîtresse aime la musique ?

VICTOIRE

Passionnément.

GONTIER

Surtout la musique allemande ?

VICTOIRE

Monsieur m'en demande trop long.. j'entends défiler bien des notes, bien des morceaux, du

matin au soir; mais quant à savoir leur nationa-
lité...

GONTIER, devant le piano.

Des partitions !... (*A part.*) S'il pouvait y en avoir de Wagner !... (*Il les prend une à une.*) Rossini !... Offenbach !... Audran !... Weber !... Hervé !... Mendelsohn !... Lecocq !

VICTOIRE

Ne vous gênez pas, Monsieur; faites comme chez vous !...

GONTIER

Je vous remercie !... (*Il continue.*) Gounod !... Planquette !... Mozart !... Elle est éclectique... Il y a de tout là-dedans, sauf ce que je cherche... Ah !... (*A Victoire.*) Eureka, mon enfant, Eureka !..

VICTOIRE, à part.

Qu'est-ce qu'il a, mon Dieu ? Qu'est-ce qu'il a ? Voilà qu'il parle anglais, maintenant.

GONTIER

Eureka ! J'ai trouvé ! *Lohengrin ! Le Vaisseau fantôme. Tannhauser...* Je brûle.

VICTOIRE, à part.

Il brûle ?... Oh ! il me fait peur cet homme-là.

GONTIER, joyeux.

Tenez, mon enfant, voilà pour vous. (*Il lui donne un louis.*)

VICTOIRE, à part.

Encore ?... Il vaut mieux qu'il n'en a l'air... Il gagne à être connu. (*Regardant la pièce.*) Et on gagne encore plus à le connaître...

GONTIER

Mᵐᵉ Dorvieux doit aimer la littérature autant que la musique, et ne quitter son piano que pour se mettre à lire ?

VICTOIRE

Madame ?... Elle ne lit jamais !

GONTIER, désappointé.

Est-ce possible ?

VICTOIRE

Jamais... elle a les yeux trop délicats... C'est moi qui lui fais la lecture.

GONTIER, rassuré.

Ah !... cela revient au même.

VICTOIRE

Pas pour moi, car nous n'avons pas les mêmes goûts.

GONTIER, souriant.

Quel genre préfère-t-elle donc ?

VICTOIRE

Un drôle de genre... Il lui faut des poésies auxquelles on ne peut rien comprendre ou des histoires d'autrefois, sur des gens morts et enterrés depuis longtemps.

GONTIER

Parfait !

VICTOIRE

Monsieur a vu tout ce qu'il voulait voir ?

GONTIER, expansif.

Oui, mon enfant... charmante installation... charmant mobilier !... charmante musique ! Tout est charmant ici, même vous !

VICTOIRE

Oh ! Monsieur !...

GONTIER

Certainement, vous êtes charmante. (*A part.*) Oh ! une idée ! (*Haut.*) Vous avez une tournure, une taille surtout !... Je suis sûr que votre maîtresse n'en a pas une aussi mince.

VICTOIRE

Ma maîtresse ? un vrai roseau ! Quand elle me donne des robes, je suis obligée de les élargir.

GONTIER, avec anxiété.

De combien ?

VICTOIRE, riant.

Qu'est-ce que ça peut vous faire ?

GONTIER

De combien ? Dites-le moi. Je vous en conjure !

VICTOIRE

Eh bien, puisque vous tenez tant à le savoir: de six centimètres.

GONTIER

Merci ! (*Il tire de sa poche un mètre en ruban et le passe vivement autour de la taille de Victoire.*

VICTOIRE, se débattant.

Eh bien ! Que faites-vous donc ?

GONTIER, à part regardant la mesure qu'il a prise.

53 !... de 53 ôtez 6, reste 47 !... C'est elle !

VICTOIRE, à part.

Oh ! il recommence à me faire peur... je crois que mon devoir est d'avertir Madame.

GONTIER

47 de tour de taille !

VICTOIRE

Mais non, Monsieur, j'ai 53.

GONTIER

De 53, ôtez 6, reste 47 : je sais ce que je dis, 47.

VICTOIRE

Si j'y comprends rien!...

GONTIER

Je brûle de plus en plus. (*Il lui donne un louis.*) Tenez mon enfant, voilà pour vous.

VICTOIRE, à part.

Encore ?... Il a des manières étranges. Mais le fond est excellent... Ma foi ! Je ne dirai rien à Madame... Elle s'ennuie d'ailleurs, il l'amusera. (*Haut.*) Qui dois-je annoncer à ma maîtresse ?

GONTIER

Encore un mot ! Avec une taille pareille, Mme Dorvieux ne doit pas peser lourd, je me la représente frêle, mignonne...

VICTOIRE

Et fragile !... On dirait un biscuit de Sèvres. Quand je l'habille, j'ai toujours peur de la casser.

GONTIER

Elle doit avoir les extrémités fines ?

VICTOIRE

Les extrémités ?

GONTIER

Oui, le pied, les mains surtout... une toute petite menotte, n'est-ce pas ?

VICTOIRE

Oh! mais! oh! mais! Vous êtes trop curieux à la fin. Si on vous laissait aller, je ne sais pas jusqu'où vous iriez... Est-ce sur Françoise que vous venez prendre des renseignements ? Est-ce sur Madame ?...

GONTIER

C'est sur Françoise, mon enfant, sur Françoise !

VICTOIRE

Eh! bien, Madame va vous en donner... Qui faut-il lui annoncer ?

GONTIER

M. Hector Gontier.

VICTOIRE

M. Gontier ?

GONTIER

Hector !... N'oubliez pas : Hector. (*A part.*) C'est un nom qui parle à l'imagination des femmes.

SCÈNE TROISIÈME

GONTIER, seul.

Serais-je enfin sur la bonne piste ? Vais-je voir enfin l'objet de ma passion anonyme? Etre amoureux... amoureux fou, sans savoir de qui, étrange situation !... Et c'est la mienne ! Depuis huit jours, depuis que j'ai trouvé sur la terrasse du Casino ce fatal carnet. (*Il tire le carnet de sa poche et le regarde.*) Je ne m'appartiens plus !... Qui s'appartiendrait à ma place ? Avoir trente-quatre ans, le cœur chaud, l'imagination vive, avoir cherché partout son idéal, sans l'apercevoir, même de loin ; vouloir se marier d'une façon romanesque, à travers mille difficultés, mille obstacles, avec une femme pâle, svelte, délicate de corps, de cœur, d'esprit... et n'avoir jamais eu que l'occasion d'épouser, par l'entremise d'un notaire, des demoiselles plantureuses, solides et correctes, après une banale entrevue au Louvre, — devant la Joconde, — ou au Jardin d'Acclimatation, devant les phoques ; — puis, quand on renonce à poursuivre cette insaisissable chimère, apprendre tout à coup par hasard que la femme rêvée existe ; que cette créature adorable est là... près de vous... partageant toutes vos impressions, méprisant comme vous les vulgarités de notre temps, ayant la nostalgie des grands siècles passés ; qu'elle vous attend avec impatience pendant que vous la

cherchez avec ardeur, et ne pouvoir la découvrir...
tel est mon supplice!... Pour guider mes recherches,
ce carnet me fournissait une sorte de signalement
physique et moral de l'inconnue que j'aspirais à
connaitre... C'étaient d'abord des notes intimes,
écrites à chaque page, où se révélait la délicatesse
de cette exquise nature, ses instincts artistiques,
son goût passionné pour les souvenirs de la Renaissance... Puis (*il prend dans le carnet un papier qu'il
déploie*), puis... cette liste de commissions préparée
sans doute pour quelque amie de Paris: « 1°
Prendre à la Pensée une douzaine de gants de
Saxe, cinq trois quarts; cinq trois quarts! une
main d'enfant!... « 2° Dire à Melle Bordier qui me
« fait une toilette pour les courses de lundi, que
« le corsage de ma robe de foulard était trop
« large: 50 centimètres et demi de tour de taille au
« lieu de 47 »... 47 centimètres: une taille de libel-
lule!... « 3° Choisir au Grand Frédéric, 6 paires de
« bas de soie de divers couleurs, mesurant 12 centi-
« mètres de la pointe au talon »... 12 centimètres!
un pied de chinoise! Elle ne doit pas marcher cette
femme-là, elle glisse... Elle ne doit pas manger...
Elle grignote... Tenez: « 4° Charger Corcelet de
« m'expédier une boîte de biscuits Viennois et 3 kilos
« de café de Zanzibar, qualité extra. » Elle se nourrit
de biscuits, elle s'abreuve de café... le breuvage
des poètes. « 5° Prier Brandus de m'envoyer
« Parsifal, la seule œuvre de mon cher Wagner
« que je n'aie pas encore. » La musique de Wagner,

un océan sans fonds ni limites où les âmes rêveuses se noient avec délices. (*Il replie le papier et le remet dans le carnet qu'il ferme.*) Enfin, dernier indice : ces deux initiales imprimées sur la couverture: M. D... je me suis précipité sur la liste des baigneurs. J'y ai relevé sept noms de femme commençant par un D. J'ai déjà ouvert une enquête sur quatre d'entre elles. La première s'appelait Cécile, — la seconde Alexandrine, — la troisième Fanny, — la quatrième Mathilde ! Elle était mince et frêle, elle jouait, quand je me présentais chez elle, une marche de Wagner. Je croyais toucher au bonheur. Hélas!... il s'en fallait de plusieurs pointures ! Elle avait une main comme ceci (*Il marque avec sa main droite une large mesure sur son bras gauche*) et un pied comme ça. (*Il marque une mesure encore plus large.*) Ne serais-je pas plus heureux aujourd'hui ? J'approche tellement du but ! Il me reste si peu de doutes à éclaircir !... La pointure ! Le café de Zanzibar ! la Renaissance !... Tous les autres articles du signalement sont déjà reconnus exacts. Oh ! si j'allais voir apparaitre devant moi celle que je cherche, que j'appelle depuis tant d'années. A cette pensée mon cœur saute et ma tête s'égare... La voilà ! Quelle émotion !...

SCÈNE QUATRIÈME

Mme DORVIEUX, GONTIER, puis VICTOIRE.

GONTIER, ébloui, à part.

Un sylphe! un farfadet! un oiseau-mouche, mon rêve! C'est mon rêve!

Mme DORVIEUX

Vous désirez me parler, Monsieur?

GONTIER, avec feu.

Oh! oui, Madame, il y a quatorze ans que je le désire!...

Mme DORVIEUX, très surprise.

Quatorze ans?...

GONTIER

Excusez-moi... je voulais dire! quatorze jours... Il y a deux semaines environ que je souhaite d'avoir l'honneur de vous entretenir.

Mme DORVIEUX

D'une de mes anciennes cuisinières, parait-il.

GONTIER, avec assurance.

De Françoise, oui, Madame... Si pénible, si répugnant que soit une pareille nécessité, pour les organisations délicates, il faut bien se soutenir.

####### Mme DORVIEUX

Sans doute !

####### GONTIER

Eh bien, Madame, en conscience, que pensez-vous de Françoise ?

####### Mme DORVIEUX, s'asseoit et, d'un geste, invite Gontier à faire comme elle.

Il me semble qu'elle faisait très convenablement la cuisine.

####### GONTIER

Elle devait en faire bien peu chez vous ?

####### Mme DORVIEUX

Pourquoi donc ?

####### GONTIER

Parce que sans être un grand physiologiste, on devine en vous voyant que vous avez un médiocre appétit, que vous vous nourrissez sommairement de mets peu substantiels ; de crevettes, de caviars ou de purée d'ananas, plutôt que de rosbeef et de pommes de terre.

####### Mme DORVIEUX

Vous pourriez bien avoir raison... Mais, mon mari qui vivait alors, ne se serait pas contenté, je vous assure, d'un tel ordinaire, et la cuisine de Françoise le satisfaisait... Si vous ne tenez pas absolument à avoir un cordon bleu ?

GONTIER

Moi ? C'est bien le dernier de mes soucis ! Je ne fais jamais attention à ce que je mange, Madame, ni à ce que je bois... A moins que ce soit du café... Oh ! pour le café je suis très difficile, Françoise le préparait-elle bien ? Et d'abord, Madame, permettez-moi de vous adresser une question: Quelle sorte de café employait-elle ? Moka, Martinique ou Bourbon ?

Mme DORVIEUX

Ni l'un, ni l'autre : on n'a jamais consommé chez moi que du Zanzibar.

GONTIER, avec élan.

Du Zanzibar ! Oh ! merci, Madame, merci.

Mme DORVIEUX, à part.

Quelle singulière façon de demander des renseignements.

GONTIER

Edifié sur ce point, je passe à un autre. Ce qu'est Françoise comme cuisinière, je le sais maintenant : il me reste à apprendre ce qu'elle est comme femme privée.

Mme DORVIEUX, étonnée.

Comme femme privée ?

GONTIER

Oui, Madame, j'attache moins de prix au talent qu'au caractère. Un penseur l'a dit : « Ce ne sont pas les talents qui sauvent les empires, ce sont les caractères . » Et je me défie du caractère de Françoise !...

Mme DORVIEUX

Il me semble qu'elle était assez douce.

GONTIER

Douce ou violente, peu m'importe !

Mme DORVIEUX, étonnée, à part.

Ah !... (*Haut.*) Qu'elle ne me volait pas plus qu'une autre...

GONTIER

Encore un détail insignifiant !

Mme DORVIEUX, à part.

Ah !... (*Haut.*) Alors ?...

GONTIER

C'est sa sincérité qui m'inspire des doutes.

Mme DORVIEUX

Elle vous importe à ce point ?

GONTIER

Oui, je tiens particulièrement à la sincérité de mes gens... Or, Françoise, en vantant votre bonté, en énumérant ce que vous faisiez pour elle, a osé me dire que vous lui donniez, pour les achever, vos chaussures à peine fatiguées, vos gants à peine défraîchis... Et cette allégation me paraît terriblement suspecte.

Mme DORVIEUX

Parce que ?...

GONTIER

Parce que cette fille a un pied... ordinaire, tandis que vous, Madame... (*Il se penche pour examiner le pied de Mme Dorvieux.*)

Mme DORVIEUX, retirant son pied vivement.

Monsieur !...

GONTIER

Et que sa main est au-dessus de la moyenne tandis que la vôtre me paraît sensiblement au-dessous. (*Il se penche pour examiner la main de Mme Dorvieux qui se lève agacée. Il se lève comme elle.*)

Mme DORVIEUX, à part.

Quelle singulière façon de demander des renseignements! (*Se touchant le front.*) Il a quelque chose... c'est positif!... (*Haut sèchement.*) Ce n'est pas de moi qu'il s'agit, Monsieur, c'est de Françoise.

GONTIER

De Françoise, assurément, je ne l'oublie pas... Françoise! quel nom!... Le croiriez-vous, Madame? C'est ce nom surtout qui me séduit. Il évoque pour moi le souvenir d'une telle époque!...

M⁻⁻ DORVIEUX

Quelle époque?

GONTIER

Vous le demandez? (*S'exaltant peu à peu.*) La plus brillante de notre histoire..., l'époque de la belle, de l'adorable Françoise de Foix, comtesse de Châteaubriand.

M⁻⁻ DORVIEUX

La maîtresse de François Ier (*A part avec effroi.*) De François Ier... Oh! mon Dieu! Quelle idée! Comment ne l'avais-je pas deviné plus tôt?

GONTIER

C'est mon époque!

M⁻⁻ DORVIEUX, à part.

Plus de doute! (*Elle court à la cheminée et sonne vivement.*)

GONTIER

Et vous, Madame, n'aimeriez-vous pas ce siècle éblouissant? (*Victoire entre.*)

Mme DORVIEUX, effarée.

Si, Monsieur... Certainement! certainement. Vous permettez?... J'ai un ordre à donner à ma femme de chambre. (*Elle se rapproche de Victoire.*)

GONTIER

Comment donc ?

Mme DORVIEUX, bas à Victoire.

Reste là. J'ai une peur affreuse... C'est le fou.

VICTOIRE, bas à Mme Dorvieux.

Quel fou ?

Mme DORVIEUX, même jeu.

François Ier.

VICTOIRE, même jeu.

Madame croit ?

Mme DORVIEUX, même jeu.

J'en suis sûre.

VICTOIRE, à part.

C'est un fou ?... J'aurais dû m'en douter. Il était trop généreux : ce n'était pas naturel.

Mme DORVIEUX, même jeu.

Va chercher la police !

VICTOIRE, même jeu.

Oh! non. Ça l'exaspérerait et ferait un scandale. Il vaut mieux le décider à partir.

Mme DORVIEUX, même jeu.

Oui... mais comment?...

VICTOIRE, même jeu.

En le prenant par la douceur, en flattant sa manie.

Mme DORVIEUX, même jeu.

Tu crois?

VICTOIRE, même jeu.

C'est le seul moyen. C'est bien connu.

Mme DORVIEUX, même jeu.

Essayons! (*Elle revient vers Gontier.*)

GONTIER

Oui, Madame, c'est mon siècle.. et je crois parfois y avoir vécu.

Mme DORVIEUX, à part, avec terreur.

C'est lui! (*Haut.*) Et moi aussi, Monsieur, et moi aussi.

GONTIER, à part, avec joie.

C'est elle!... (*Haut.*) Je me suis si souvent transporté par l'imagination au milieu des élégantes splendeurs de Fontainebleau.

M⁻⁻ DORVIEUX

Et moi au milieu des fêtes sans pareilles de Chambord.

GONTIER

Parmi ces vaillants chevaliers qui en étaient la gloire.

M⁻⁻ DORVIEUX

Parmi ces poètes, ces conteurs, ces artistes qui en étaient le charme.

GONTIER

Lautrec ! Montluc ! Bayard !

M⁻⁻ DORVIEUX

Ronsart ! Marot ! La Reine de Navarre !

GONTIER

Jean Goujon !

M⁻⁻ DORVIEUX

Germain Pilon !

GONTIER

Léonard de Vinci !

M⁻⁻ DORVIEUX

Benvenuto Cellini !

GONTIER, à part, avec joie.

C'est elle !... Il ne me reste plus qu'à mesurer sa main. Comment m'y prendre ?

Mme DORVIEUX, à part, avec terreur.

C'est lui!... (*Bas à Victoire.*) Comment le faire partir?

VICTOIRE, même jeu.

Je vous l'ai dit, en flattant sa manie, vous ne flattez pas assez sa manie.

GONTIER, s'emballant de plus en plus.

Et les femmes! les femmes! parlez-moi des femmes!

Mme DORVIEUX, bas à Victoire.

Voilà l'accès!

GONTIER

Toutes charmantes, comme vous!... divines, comme vous... je vous ai souvent aperçue, admirée au milieu d'elles... Pourquoi, vous appelle-t-on Mme Dorvieux?... Vous êtes Mme Féron... La belle Ferronnière!...

Mme DORVIEUX, bas à Victoire

Oh! mon Dieu!... Cela devient grave.

VICTOIRE, même jeu.

Flattez! Flattez ferme!

Mme DORVIEUX, se montant.

Eh bien oui... certainement... je suis la belle Ferronnière... Et vous, vous êtes le roi. Je vous ai reconnu tout de suite.

VICTOIRE, bas.

Bien !

GONTIER, surpris, à part.

Comme elle s'anime !... On dirait vraiment qu'elle prend la scène au sérieux.

M⁻⁻ DORVIEUX

Mais il faut partir. M. Ferron va rentrer c'est son heure. Et il n'est pas commode, M. Ferron... Oh! non !... S'il vous trouvait ici, je serais perdue.

VICTOIRE, bas.

Très bien !

GONTIER, inquiet, à part.

Elle s'anime trop !... Est-ce que cette débauche d'imagination lui aurait porté à la tête.

M⁻⁻ DORVIEUX

Fuyez, Sire, fuyez, je vous en conjure ! Nous nous reverrons au tournoi de lundi.

GONTIER, à part.

Elle m'appelle « Sire » et prend les courses pour un tournoi ?... Elle a positivement l'esprit troublé... Folle ! une femme pareille ! Mais je la calmerai... je la guérirai !... (*Haut.*) Vous l'exigez ?.. Je m'éloigne donc, à une condition...

Mme DORVIEUX

J'y souscris d'avance !

GONTIER

C'est que vous m'accorderez un souvenir de cette douce rencontre.

Mme DORVIEUX

Quel souvenir ?

GONTIER

Un des gants que vous portez !

Mme DORVIEUX

Avec plaisir !...

GONTIER, met un genoux en terre et lui baise la main.

Merci !...

Mme DORVIEUX, bas à Victoire.

Il a vraiment des manières charmantes... Quel malheur qu'il ait le cerveau malade. (*Haut en ôtant ses gants.*) Je vous donnerai les deux, si vous voulez !

GONTIER, à part.

Elle est adorable... il serait affreux qu'elle ne recouvrât pas la raison... Oh ! je la lui rendrai.

Mme DORVIEUX, à part.

Pauvre jeune homme.

GONTIER, à part.

Pauvre petite femme!

Mᵐᵉ DORVIEUX, lui donnant ses gants.

Tenez!

GONTIER, il retourne vivement les gants pour regarder
la pointure, — à part.

Cinq trois quarts!... Le dernier doute éclairci!...
Mon cœur éclate! (*Haut.*) Oh! Madame, je suis
fou!

VICTOIRE, bas à Mᵐᵉ Dorvieux.

Il l'avoue! Il s'en rend compte. (*Haut à Gontier.*)
Eh bien, Monsieur, puisque vous le savez, vous
feriez bien mieux de retourner à l'asile.

GONTIER

Quel asile?

VICTOIRE

L'asile des aliénés de Caudebec... Vous savez
bien celui où vous demeurez.

GONTIER

Moi?... Je demeure rue Aguado, n° 17... Comment! vous m'aviez pris pour un aliéné. (*A Mᵐᵉ Dorvieux.*) Vous aussi, Madame! (*Mᵐᵉ Dorvieux un peu embarrassée ne répond pas. — A part.*) Elle! C'est un peu fort!

VICTOIRE

Dame, Monsieur... Quand on se fait passer pour François Ier en 1884 !

GONTIER

Moi ? Pas du tout, c'est Madame qui m'avait pris pour lui.

Mme DORVIEUX

Parce que vous m'avez prise pour la belle Ferronnière... je croyais devoir ménager votre illusion.

GONTIER, à part, avec joie.

Comme je ménageais la sienne. Tout s'explique ! (*Haut.*) Non, grâce à Dieu, je ne suis pas fou !

VICTOIRE

Mais vous venez de le dire vous-même.

GONTIER

Au figuré : je suis fou de joie, fou d'amour... (*Solennellement.*) Madame, vous avez perdu un objet précieux. (*Il tire le carnet de sa poche et le montre*).

Mme DORVIEUX, avec élan.

Mon carnet ! Vous l'avez trouvé !... (*Avec confusion.*) Vous l'avez ouvert !

GONTIER

J'ai eu cette indiscrétion : je m'en confesse, mais sans la moindre contrition, car à chaque ligne j'étais plus ravi, plus enivré, à chaque page, je croyais faire un pas vers l'idéal poursuivi par mes rêves ambitieux. Vos idées sont les miennes, vos sentiments les miens. Si vous pouviez lire dans mon âme, comme j'ai lu, grâce à ce cher carnet, dans la vôtre, vous reconnaitriez qu'elles vibrent à l'unisson l'une et l'autre et qu'il n'y a jamais eu au monde deux êtres faits comme nous, pour se comprendre et s'unir... si vous en doutez encore, permettez-moi au moins de chercher à vous en convaincre.

Mme DORVIEUX, souriant.

Rendez-moi d'abord mon carnet.

GONTIER

Quiconque trouve un objet précieux a droit à une récompense...

Mme DORVIEUX, souriant.

Honnête... C'est la formule !

GONTIER

Et je réclame ma récompense... honnête.

Mme DORVIEUX

C'est-à-dire.

GONTIER

Votre main, madame !

M˟ᵉ DORVIEUX

Tout simplement ?... Pour un carnet !

GONTIER

Oui, c'est à votre main que j'ose aspirer, car je sens, car je sais que j'en suis digne... Trop heureux, si je devais la conquérir à travers mille obstacles, la disputer au monde entier.

M˟ᵉ DORVIEUX, à part.

Quel feu !... Il parait vraiment avoir une âme ardente et généreuse... Mais les apparences m'ont déjà trompée si souvent. (*Haut.*) Je suis touchée, Monsieur, des sentiments que vous m'exprimez... Mais puis-je croire à leur solidité ? Vous me connaissez à peine ; vous ne savez quel est mon caractère, quelle est ma famille, quelle est ma fortune. (*Le regardant en face.*) Je suis moins riche qu'on ne le croit... Le Krach...

GONTIER

Pas un mot de plus !.. Vous me faites injure.

M˟ᵉ DORVIEUX, bas à Victoire.

Il parait sincère... et semble vraiment avoir des sentiments délicats, chevaleresques... Qu'en dis-tu Victoire ?

VICTOIRE, même jeu.

Ma foi ! Si Madame est bien sûre que ce n'est pas le fou, elle ne doit pas hésiter. Puisqu'elle veut absolument faire un mariage romanesque, épouser un homme qui ne ressemble pas à tout le monde... elle ne retrouvera jamais une occasion pareille.

GONTIER à Mme Dorvieux

J'attends votre réponse avec anxiété !...

Mme DORVIEUX

Ma réponse ? ma réponse ?... Vous êtes trop pressé.

GONTIER

Donnez-moi du moins quelque espoir.

Mme DORVIEUX

Eh bien... je vous répèterai ce que je disais tout à l'heure à François Ier. « Nous nous reverrons au tournoi de lundi. »

GONTIER

Bien vrai ? Vous tiendrez votre promesse ?... Vous savez... *Souvent, femme varie*... Vous n'avez pas accepté cette devise au moins ?

Mme DORVIEUX, lui tendant la main.

Rassurez-vous : je ne pousse pas le goût de la Renaissance jusque-là.

Rideau.

LE GRAND-PÈRE

COMÉDIE EN UN ACTE

Par le Vicomte Sollohub.

PERSONNAGES

M. de DUPRÉLOIS.
Melle MARIE de VERTEUIL, sa petite-fille.
UN DOMESTIQUE (Personnage muet).

LE GRAND-PÈRE

SCÈNE PREMIÈRE

DUPRÉLOIS, seul.

Minuit moins un quart et Mademoiselle ma petite-fille n'est pas encore arrivée. — Je vous demande un peu si cela s'est jamais vu. — Une demoiselle qui mène son grand-père au bal. — Elle me fait faire tout ce qu'elle veut, cette petite-fille. — J'étais bien tranquillement au coin de mon feu, en robe de chambre, à lire mon journal. — J'allais me coucher sur le coup de dix heures. Ah ben oui ! — Un billet de garde me tombe comme une cheminée sur la tête. — Mon petit grand-papa. — On danse aujourd'hui chez les Crezolle. — Papa est occupé. — Ma tante est malade. — Je compte sur toi. — Tu es si gentil ! — Je viendrai te prendre. — Gentil ! moi. — A près de 60 ans. — Je ne suis pas gentil, sac-à-papier. — Je suis un homme respectable. — Je ne veux pas qu'on manque aux égards qu'on me doit. J'étais furieux. — Mais là si sérieusement. — Que je me suis mis à rire. J'ai sonné mon valet de chambre et voilà. — J'ai arboré la grande tenue. — la cravate blanche, les gants paille. — Il y a un satané bouton qu'il m'est impossible de boutonner. — Qu'est-ce que je m'en vais faire à ce maudit bal. — Je ne cause pas, je ne joue pas aux cartes. — Je ne consomme pas de rafraîchissements. — Je ne suis pas ambitieux, je n'écris pas de feuilletons. Je ne fais la cour ni aux hommes ni aux femmes, je serai bête comme une fleur artificielle sur un pot de verdure. — Ah ! c'est trop fort, à la fin... Minuit moins cinq. — Quelle drôle de petite-fille. — Je suis sûr qu'elle lit le code maintenant. Elle s'occupe de Jurisprudence et de robes de bal. — Allons je m'en vais relire mon journal. — Voyons... Faits divers. — J'aime beaucoup les Faits divers. — Au moins ils ne sont pas longs. — Nous apprenons de source certaine que le célèbre procès de succession intenté par Mme de Boissenage et M. de Verteuil contre la Mairie de Trouville sera jugé définitivement par la cour d'appel dans le courant de la huitaine — heu — heu — mauvaise affaire ? — Elle peut être une excellente affaire. Si Verteuil mon gendre gagne, l'affaire est excellente, parbleu. — Oui, — mais s'il perd, — la petite n'aura pas de dot. — Et ce sera ma faute. — Je n'ai rien à lui donner. J'ai mangé ma fortune, je mange ma pension, j'aurais mangé le diable. — Je n'ai été toute ma vie qu'un égoïste. — Je mets mon enfant sur la paille et Monsieur bougonne parce qu'il a dû mettre un habit noir avec un chiffon blanc autour du cou. — Monsieur est de mauvaise humeur parce qu'on le dérange dans ses habitudes, parce qu'il se couchera aujourd'hui quelques heures trop tard. — Ma foi, je ne sais si les hommes actuels valent quelque chose, mais les hommes de mon temps ne valaient rien du tout. (*On sonne.*) Enfin !

SCÈNE DEUXIÈME

DE DUPRÉLOIS, MARIE DE VERTEUIL.

MARIE

Bonjour. — Grand-papa... tu es superbe.

DUPRÉLOIS

C'est bien toi... (*Il l'embrasse sur le front.*) Bonjour. Qui es superbe de me faire aller au bal.

MARIE

Il s'agit bien de ça.

DUPRÉLOIS

Comment il s'agit bien de ça. — Nous n'allons pas au bal ?

MARIE

Ah ! ben... oui ! (*Elle tombe dans un fauteuil.*)

DUPRÉLOIS

Ah ça... tu sais que tu te moques joliment de moi. — J'admets que les grands-pères soient des êtres disgraciés de la création et bons tout au plus à servir de portefaix à leurs petits-enfants. — Mais y a-t-il une mesure à tout. — Tu me fais courir chez le confiseur, chez les photographes, chez les libraires, chez des hommes qui cousent des robes, chez des hommes qui font des chapeaux qui ne tiennent pas sur la tête. — Grand-papa par ci. Grand-papa par là. Tu iras à Chaillot. — Tu iras à Enghien. — Tu iras à Auteuil. — Tu iras à tous les diables verts des quatre points cardinaux. — C'est trop fort à la fin... Et encore cela... Je n'ai pas trop à m'en plaindre. — Cela me fait faire de la gymnastique; mais, malheureuse enfant, tu veux encore me ravir le sommeil et me donner le goût de la toilette. - Regarde. — J'ai un habit neuf. — Ce n'est pas mon jour de barbe. — Je me suis fait raser pour te faire honneur. — Je crois même qu'on m'a donné un coup de fer. — On a beau être vieux, on tâche toujours de l'oublier — Regarde mes gants. — 7 3/4. Il y a là un coquin de bouton. — Ah... oui, au fait, nous n'irons pas.

MARIE
Grand-papa... Sais-tu à quoi je pense?

DUPRÉLOIS
A m'envoyer encore quelque part.

MARIE

Non! à m'en aller moi-même. — Je veux mourir.

DUPRÉLOIS

Hein? tu as dit.

MARIE

Je dis que je veux mourir.

DUPRÉLOIS

Allons, allons, — pas de bêtises, entends-tu. — Qu'est-ce que cela signifie? — Tu as des petits chagrins. — Eh bien, je suis là. — Il est arrivé quelque chose.

MARIE

Pis que cela. Il est arrivé quelqu'un.

DUPRÉLOIS

Un homme!...

MARIE

Oui.

DUPRÉLOIS

Jeune.

MARIE

Non. Plus âgé que toi et bien plus vilain.

DUPRÉLOIS

Merci. — Et cet homme qui est-il?

MARIE

Un avocat.

DUPRÉLOIS

Comment, et un vieil avocat te donne des idées de suicide. — Cela ne s'est jamais vu !...

MARIE

Mais écoute-moi donc. — J'étais dans ma chambre à finir de m'habiller... trouves-tu ma robe jolie ?

DUPRÉLOIS

Charmante.

MARIE

N'est-ce pas ? — Je mettais mes gants, comme toi. Voilà qu'on vient me dire que mon père me demande.

DUPRÉLOIS

Ton père d'abord me dérange toujours.

MARIE, d'un ton suppliant.

Grand-papa.

DUPRÉLOIS

Oui, oui... Je sais que je ne dois parler de ces choses-là. — Enfin ! continue !..

MARIE

Je trouve mon père avec le vieil avocat. — L'avocat disait... Monsieur, c'est un testament olographe. — Vous avez gagné en première instance, mais vous perdrez en cassation.

DUPRÉLOIS

Sais-tu que tu parles comme un notaire.

MARIE

Pourquoi pas ? Je ne sais pas un mot de l'histoire des Assyriens, mais je connais les institutions de mon pays. C'est plus utile. — L'avocat prétend donc qu'on a reçu des pièces nouvelles et que nous devons perdre.

DUPRÉLOIS

C'était l'avocat de Mme de Boyenage.

MARIE

Tout juste. — La loi est catégorique. Monsieur Grivière, mort aux Antilles, a laissé un testament revêtu de toutes les signatures légales et parfaitement valide.

DUPRÉLOIS

Ce testament est absurde.

MARIE

Il est absurde.. mais il est légal... M. Grivière, décédé sans progéniture, laisse sa fortune pour la création d'une école de marins à Trouville, lieu de sa naissance.

DUPRÉLOIS

A moins que...

MARIE

A moins que les deux familles de Boissenage et des Vertpré, formant des collatéraux éloignés et auxquels il a eu dans le temps des obligations, ne s'unissent par un mariage. Auquel cas la totalité de l'avoir, tant bien fond qu'argent monnayé reviendraient aux deux conjoints.

DUPRÉLOIS

Ce Grivière était fou. C'est prouvé. Le testament est nul. Il sera cassé. Nous héritons naturellement.

MARIE

La mairie de Trouville produit les actes par lesquels il est avéré que le testateur n'a été reconnu fou qu'après la signature du testament.

DUPRÉLOIS

C'est faux.

MARIE

Mais laisse-moi donc achever. Ne voilà-t-il pas que cet abominable avocat se met à dire : La proposition que j'ai eu l'honneur de vous faire est tout à votre avantage. — Le litige est anéanti de fait et les parties divergentes n'ont plus à poursuivre.

DUPRÉLOIS

Voyons la proposition.

MARIE

M. Alfred de Boissenage, fils unique, et Mme Marie de Verteuil, fille unique, s'unissent par les liens de l'hyménée et la succession leur est acquise à parts égales.

DUPRÉLOIS

Comment, la petite Boissenage a déjà un fils assez grand pour se marier?

MARIE

Il a 32 ans.

DUPRÉLOIS

Tant que ça! C'est incroyable. Et qu'a répondu ton père?

MARIE

Mon père a répondu. Assurez Madame de Boissenage de tous mes respects. Veuillez lui répondre que j'adhère, pour ma part, complètement à sa proposition et que j'ai fait appeler ma fille afin qu'elle n'en n'ignore.

DUPRÉLOIS

Comment, ton père a parlé aussi bien que ça? Jamais je ne l'en aurais cru capable. Mais c'est un tonneau de bonheur que tu me verses sur la tête, mon enfant. Mais je puis donc mourir tranquille, car il faut mourir après tout. Sais-tu que c'est 4 millions que vous allez avoir à vous deux? Et moi qui tremblais la fièvre de te laisser avec le goût des robes comme celle que tu portes sans avoir de quoi les payer, si tu savais la joie que tu me donnes! J'ai lu ce que je vais faire. J'irai au bal tout seul. Je danserai toute la nuit. Je prendrai du punch. Je commettrai des extravagances et je rentrerai à sept heures du matin.

MARIE

Grand-papa... Avez-vous été jeune ?

DUPRÉLOIS

Moi, je n'ai jamais cessé de l'être.

MARIE

Mais vous n'avez jamais été femme.

DUPRÉLOIS

Si ! quelquefois. A force de les comprendre.

MARIE

Dans tous les cas vous n'avez jamais été jeune fille.

DUPRÉLOIS

Ah cela ! Non ! Par exemple.

MARIE

Eh bien, grand-papa, je ne dédaigne pas la fortune. Je la comprends parfaitement. Je suis de mon époque. Mais il y a pour les jeunes filles quelque chose de plus important que tous les millions du monde.

DUPRÉLOIS

Quoi donc?

MARIE

L'amour.

DUPRÉLOIS

Bonté divine! Qu'est-ce qui t'enseigne ces choses-là. Je te croyais si bien élevée.

MARIE

Mais c'est justement parce que je suis bien élevée, que je ne suis pas hypocrite. Voudrais-tu que je pense une chose et que j'en dise une autre?

DUPRÉLOIS

Et depuis quand, Mademoiselle, vous dites-vous à vous-même ce que vous pensez?

MARIE

Depuis cet automne.

DUPRÉLOIS

Me permettrez-vous de demander si vous avez déjà fait votre choix?

MARIE

Certainement.

DUPRÉLOIS

Très bien. — Je joue un joli rôle. — Mais j'espère au moins que l'heureux mortel que votre enfantillage a distingué ignore son bonheur.

MARIE

Au contraire. — Il sait très bien que je l'aime.

DUPRÉLOIS

Ah ça... Je n'entends pas de cette oreille-là, moi. — Pas de plaisanterie.

MARIE

Je ne plaisante pas du tout.

DUPRÉLOIS

Mais alors tu veux donc te perdre?

MARIE

Me perdre... où?...

DUPRÉLOIS

Comment... où? — Tu oublies donc la bienséance, le devoir, la modestie?

MARIE

Ah! grand-papa... tu deviens bien vieux.

DUPRÉLOIS

Mademoiselle.

MARIE

Puisque tu m'obliges à te le dire. — Tu penses toujours à un temps où les mots signifiaient plus que les choses. — D'abord si tu te fâches et que tu roules tes grands yeux, je m'en vais.

DUPRÉLOIS

Je voudrais bien savoir ce que tu peux me dire pour ta justification.

MARIE

Je te dirai des choses très sensées. — Tu ne veux pas que je reste vieille fille, n'est-ce pas ?...

DUPRÉLOIS

Non.

MARIE

Eh bien, je dois donc me marier. — Quand je serai mariée... c'est moi qui vivrai avec mon mari. Ce n'est pas mon père. — Ce n'est pas toi.

DUPRÉLOIS

C'est juste.

MARIE

Mais alors puisque c'est moi. — Cela me regarde un peu. — Toi tu gardes encore la tradition de tous les esclavages. — Nous... nous comprenons déjà le bon sens des véritables libertés. — On nous élève pour nous marier, — et ce qu'on nous cache c'est le Mariage et le mari. — L'une doit être une poupée à dentelles, l'autre doit avoir une grande position. — Moi on me condamne à une grande fortune. — Mais je n'en veux pas de votre grande fortune. — Ce que je veux épouser... C'est le bonheur.

DUPRÉLOIS

Et si tu ne le trouves pas ?

MARIE

C'est mon affaire. Aimes-tu mieux avoir le chagrin et le remords de m'avoir rendue malheureuse ? — Grand-papa, veux-tu que je le dise : tu ressembles à Louis XIV, seulement tu es plus despote que lui.

DUPRÉLOIS

Bon, c'est moi qui suis coupable à présent. — Mais je voudrais bien savoir pourtant qui est le polisson qui s'est permis de te plaire.

MARIE

Ce polisson est un jeune homme que tu aimes beaucoup.

DUPRÉLOIS

Il se nomme...

MARIE

Il se nomme Monsieur de Brissière.

DUPRÉLOIS

Comment, le fils de mon ami Alfred? — Je l'aime comme un fils, ce garçon-là. — C'est donc pour cela qu'il fait ma partie d'échecs. — Il est très fort. Sais-tu que tu as bon goût. — Tu as très bien fait de le... Qu'est-ce que je dis donc là... C'est très mal, Mademoiselle, à l'insu de vos parents de donner des espérances à un étranger qui, au fond, n'est pas un parti pour toi.

MARIE

Pourquoi cela.

DUPRELOIS

Pourquoi ?... pourquoi parce que son père a mangé ce qu'il avait.

MARIE

Et vous-même, grand-papa?

DUPRÉLOIS

J'ai fait comme son père.

MARIE

Vous voyez donc bien que la fortune n'est pas toujours une indication qu'on la gardera.

DUPRÉLOIS

Mais, enfin, où veux-tu en venir?

MARIE

Grand-papa... tu es si bon, quand tu n'es pas méchant. Je viens te demander de me sauver. — Me refuseras-tu ?...

DUPRÉLOIS

Non sans doute, mais que veux-tu que je fasse ?

MARIE

Je veux que tu me donnes celui que j'aime et que tu me délivres de celui que je n'aime pas.

DUPRÉLOIS

Veux-tu que j'aille donner un coup d'épée au petit Boissenage ?

MARIE

Cela ne se fait plus. Et puis ce n'est pas de ton âge.

DUPRÉLOIS

Oh !... J'ai une excellente idée. — Brissière t'enlève et moi aussi. — Il y aura une calèche à la porte du parc. — Nous allons en Allemagne où je te mène à l'autel.

MARIE

Grand-papa, c'est un détournement de mineure que tu proposes. C'est prévu par la loi.

DUPRÉLOIS

C'est vrai. — Mais alors je ne vois pas...

MARIE

Il y aurait bien un moyen.

DUPRÉLOIS

Lequel ?

MARIE

Mon père est veuf, Mme de Boissenage est veuve. Pourquoi ne se marieraient-ils pas ?...

DUPRÉLOIS

Tiens, c'est une idée. Tu sais que je ne porte pas précisément mon gendre dans mon cœur. Je serais enchanté de lui jouer ce tour-là.

MARIE

On dit pourtant que Mme de Boissenage est une femme très aimable.

DUPRÉLOIS

Elle a été charmante, la petite Boissenage. — Une taille de guêpe. — Un petit nez retroussé, je lui ai fait un brin de cour dans le temps. — Mais ce qu'elle est devenue, mon enfant, ce qu'elle est devenue... — L'autre jour j'étais entré chez un bijoutier...

MARIE

Comment, tu voulais encore m'acheter une parure ?

DUPRÉLOIS

Oui... à peu près... c'est-à-dire enfin, c'est égal. — Figure-toi, je vois abouler un colosse couvert de plumes, de fourrures, de choses inouïes. C'était Mme de Boissenage. Vite je colle mon nez sur une vitrine, comme si j'allais en avaler tous les diamants. J'en ai eu mal aux reins, car je n'ai relevé la tête que lorsque la trombe avait passé.

MARIE

Seulement, grand-papa, il faut agir sans perdre une minute. Le procès se juge après-demain et un nouveau recours en cassation ne sera plus possible.

DUPRÉLOIS

Tu as raison. — Que faut-il faire alors ?

MARIE

Il faut convaincre mon père de l'urgence de ce mariage.

DUPRÉLOIS

Et qui se chargera de ce soin ?

MARIE

Mais toi, grand-papa. — Moi on ne m'écouterait seulement pas, et d'ailleurs je n'oserais jamais.

DUPRÉLOIS

Merci. — Voilà encore une jolie commission que tu me donnes. — Et quand dois-je m'acquitter de cette agréable ambassade ?

MARIE

Tout de suite. — Il n'y a pas une minute à perdre, l'avocat est là.

DUPRÉLOIS

Comment, je ne puis pas aller me coucher ?

MARIE

Il s'agit bien de dormir maintenant. — La voiture est en bas. — Voyons, petit grand-papa, songe qu'il y va de ma vie. - Je t'attendrai le cœur plein d'angoisses. — Tiens, voilà ton chapeau.

DUPRÉLOIS

Un chapeau que j'ai payé 25 francs ce matin. Tu me fais faire des dépenses folles et des actions d'écervelé. — J'ai envie d'arborer l'étendard de la révolte, de me barricader contre l'abus du pouvoir, puisque la mode en revient. — Je vais mettre mes pantoufles et ma robe de chambre. — Voyons, ne pleure pas. — Je m'en vais... je vais me quereller avec l'auteur de tes jours.

MARIE

Grand-papa, je t'adore.

DUPRÉLOIS

Et moi donc, mon enfant. Du diable si on me ferait sortir à cette heure-ci pour tous les trésors du vice-roi d'Egypte. — Allons, adieu. Je tâcherai de ne pas te faire languir. (*Il sort.*)

MARIE

Quel homme que mon grand-père ! — Toujours décidé comme l'intelligence et toujours jeune comme la bonté. — Mon père est bon aussi. — Seulement il est froid, austère, ils ne se conviennent pas. — C'est dommage. — Cela m'attriste souvent. — Pourquoi ne s'aiment-ils pas ? — Est-ce parce que mon grand-père a toujours été trop jeune et que mon père ne l'a jamais été, même à l'époque de son mariage ? — Je n'ose me l'avouer à moi-même... mais il me semble qu'il y a eu dans le passé quelque chose. — Non, j'aime mieux n'y pas penser... Ce qui est certain, c'est que dans ce siècle où l'on parle de l'émancipation des serfs, de l'émancipation des nègres, de l'émancipation des consciences, de l'émancipation des vieilles femmes, on aurait bien dû penser un peu aussi à l'émancipation des demoiselles à marier. — On nous traite comme des idiotes ou comme des ballots de marchandise. — Pourquoi nous donner de l'éducation, si on nous soupçonne sans cesse de ne pas savoir en profiter ? — Mon père ne voudra jamais faire un mariage ridicule et c'est criminel à moi de le lui proposer. — Mais il a plus d'âge, plus d'expérience, plus d'aplomb que moi. — Il a vécu. — Il a moins à attendre et moins à regretter. — Pauvre Edouard. — Il m'a espéré pour le premier quadrille ce soir. — Maintenant il est dans cette atmosphère étouffante du bal, près de la porte d'entrée. — Tous les invités sont déjà arrivés. — La cohue est abominable et pour lui il n'y a personne. — Ses yeux me cherchent encore, mais son cœur lui a déjà dit depuis longtemps que je ne viendrai pas. — Mon Dieu ! ce que j'aurais donné pour le voir rien qu'une minute, rien qu'une seconde. (*Un valet lui présente une carte de visite sur un plateau.*) Eh bien, qu'est-ce que cela signifie ? — Sa carte. Il est en bas. — Il n'y a pas tenu. — Il vient savoir de mes nouvelles. Il sait que je suis ici. — Il fait semblant de venir jouer aux échecs avec grand-papa. — Il a oublié l'heure, les convenances. — Il a tout oublié, excepté qu'il ne m'a pas vue de la journée. Quel bonheur d'être aimée ainsi! — Je vais courir à sa rencontre. (*Elle s'arrête.*) Mais non, la liberté n'est bonne que si on n'en abuse pas. Autrement on en serait indigne. — Vous direz à M. de Brissière que mon grand-père est sorti et que, comme je suis seule, je ne puis pas le recevoir. — Pauvre Edouard ! et pauvre moi ! Ah ! vous lui direz encore que j'ai perdu mon pari et que voici ma dette. (*Elle remet son bouquet au domestique qui sort.*) Il me semble que tout le monde autour de moi se trompe et que moi seule je comprends la vérité. — Elle ne peut avoir que deux formes : L'amour et le devoir. Tout le reste n'est que duperie. — Oui... mais suis-je bien sûre de remplir mon devoir ? — Et où est-il le devoir pour moi ? — Est-ce mon devoir d'être heureuse ? — Peut-être !

— Ah ! mon Dieu ! j'avais oublié mon frère, mon frère qui est à l'école polytechnique, plein de talent, plein d'ardeur, plein d'avenir. — Il n'y a que ses poches qui soient toujours vides. — Ai-je le droit de le frustrer d'un héritage au début de sa carrière? Ai-je le droit de lui faire manger le pain sec de la pauvreté et de l'humiliation quand il ne tiendrait qu'à moi de le faire entrer dans le monde au grand trot de deux chevaux pur sang qui feraient tomber devant lui toutes les barrières et tous les obstacles? — Mon Dieu ! donnez-moi du courage. — Il y a longtemps que j'étudie ce malheureux procès. — Pas de mariage, pas de succession. — Il n'y a pas à dire. — Je me suis fait montrer M. de Boissenage. — Il est affreux, petit, gras, trapu, commun, il rit de toutes les platitudes qu'il débite. — C'est l'homme qu'on me destine. — Je me suis accrochée à l'idée que mon père me sauverait comme un homme qui se noie s'accroche à un roseau, — mais non... non, c'est impossible. Allons, — je ferai mon devoir, je dirai la vérité à mon complice d'argent. — Je ne reverrai plus Edouard de ma vie. — J'aurai des diamants et des cachemires et je m'éteindrai de consomption dans des flots de dentelles qui m'étoufferont de leur poids. — Cela ne manquera pas, car je ne puis avoir ni deux paroles, ni deux affections. — Adieu donc, mon bon Edouard, adieu. — J'ai eu mon étincelle de joie sur la terre. — Cela doit me suffire. — Il me méprisera peut-être ? — Eh bien, ce sera un chagrin de plus. — Ah ! voici grand-papa qui rentre. — Tâchons d'être gaie.

SCÈNE QUATRIÈME

DUPRÉLOIS, MARIE

DUPRÉLOIS, entre d'un air sombre et pose son chapeau sur la table.

MARIE

Eh bien, il a refusé ?...

DUPRÉLOIS

Parbleu !

MARIE

Il ne m'aime donc pas ?

DUPRÉLOIS

Si ! à sa manière... pour lui-même. Du reste je dois dire qu'il vaut mieux que je ne croyais.

MARIE, anéantie.

Vraiment ? j'en suis bien heureuse.

DUPRÉLOIS

Oui. Je ne suis pas toujours calme, tu sais. Je lui ai fait des reproches pour des histoires passées que tu ne dois pas connaître. Il m'a prouvé que tout était de ma faute... que j'avais mis de la précipitation, de l'opiniâtreté, que j'avais fait son malheur et celui.. Bref, il m'a touché. Quant au mariage, il ne peut pas y consentir, car il attend que tu te maries pour se marier à son tour.

MARIE

Mon père veut se marier !

DUPRÉLOIS

Oui... un ancien amour, des engagements sacrés, un veuvage. Que sais-je, moi !

MARIE

Il n'y a donc plus d'espoir. Tout est fini. Mon frère ne peut pas épouser Mme de Boissenage ; il a seize ans. Grand-papa, j'ai une idée, si tu l'épousais... toi.

DUPRÉLOIS

J'y ai pensé.

MARIE

Ah ! que tu es adorable. Eh bien !

DUPRÉLOIS, tristement.

Eh bien !... C'est fait. Je ne croyais pas que mes fonctions de commissionnaire m'amèneraient jusque-là.

MARIE

C'est une plaisanterie. Je n'accepterai jamais.

DUPRÉLOIS

Il n'y a plus à y revenir. J'ai été au bal. J'ai vu Mᵐᵉ de Boissenage.

MARIE

Tu lui as parlé.

DUPRÉLOIS

Ah ! ma chère enfant, c'est en la voyant que j'ai compris à quel point je l'aimais. Figure-toi, elle avait une robe de satin jonquille qui doit avoir fait la fortune d'un fabricant de soieries. Quel aunage, pristi ! Et dire qu'elle a eu une taille de guêpe.

MARIE

Et que lui as-tu dit ?

DUPRÉLOIS

Je lui ai dit : Marions-nous, Madame, pour le bonheur des autres, c'est la seule manière de rendre notre mariage excusable. Elle s'est mise à rire, elle m'a tendu la main et elle m'a dit : Vous êtes un bien brave homme. Je vais consulter mon fils et vous enverrai ma réponse ce soir. Car si nous nous marions, il faut que ce soit demain.

MARIE

Tu te maries demain ?

DUPRÉLOIS

Mais oui !... La Cour d'appel n'attend pas. Maintenant laisse-moi dormir un peu. J'ai à courir de grand matin, pour obtenir les dispenses et préparer la cérémonie.

MARIE

C'est très bien... seulement tu n'as pas mon consentement.

DUPRÉLOIS

Comment, il faut que je te demande la permission de faire ma dernière folie parce qu'elle est raisonnable.

MARIE

Sans doute. J'ai fait mes réflexions, M. de Brissière n'a pas de fortune. Ni moi non plus. J'aime le luxe, la toilette, toutes les jolies choses. A notre époque on veut bien encore quelquefois le cœur. Mais on ne veut plus jamais de la chaumière. M. de Boissenage est charmant, je ne l'aime pas encore. C'est vrai. Mais je l'aimerai. J'y parviendrai. J'ai de la volonté ! Tu ne te marieras pas.

DUPRÉLOIS

Bon! je suis donc une toupie et pas un grand-père. Tu veux détruire mon bonheur domestique. Mme de Boissenage est un peu forte, c'est vrai. Mais voudrais-tu qu'à mon âge j'épouse la Vénus du Titien, elle est encore très agréable. Elle a beaucoup d'esprit. Elle tiendra mon salon. Elle me brodera des pantoufles. Elle me fera la lecture. Le premier moment a été dur, c'est vrai. Mais maintenant que la première épouvante est passée, je crois que je ne pouvais rien inventer de mieux. Demain tu me mèneras à la mairie.

MARIE

C'est impossible, tu ne te marieras pas.

DUPRÉLOIS

Je te demande pardon. Je me marierai.

MARIE

Non.

DUPRÉLOIS

Si.

MARIE

Je ne le veux pas.

DUPRÉLOIS

Mais moi je le veux.

MARIE

J'aime M. de Boissenage.

DUPRÉLOIS

Je ne puis pas vivre sans Mme de Boissenage.

MARIE

Tu veux donc ma ruine.

DUPRÉLOIS
Tu veux donc mon malheur.

MARIE
Ton mariage est une absurdité.

DUPRÉLOIS
Ton mariage est un meurtre.

MARIE
Tu ne feras pas ce que je ne veux pas.

DUPRÉLOIS
Parfaitement je le ferai quand je voudrai.

MARIE
Jamais.

DUPRÉLOIS
Toujours.

MARIE
Non... Non...

DUPRÉLOIS
Oui... Oui...

MARIE
Tu es insupportable, mais je ne céderai pas.

DUPRÉLOIS
Ni moi non plus. Sacré mille millions de tonnerres! Mais que suis-je donc à la fin dans cette

maison ? On me traite comme un vieux radoteur qui ne sait plus ce qu'il dit. Ah! voilà la réponse de ma fiancée qui arrive. Rien, un télégramme. Ah! grand Dieu... En voilà du nouveau. Un télégramme de l'autre monde. Jamais la science n'avait encore été aussi loin. Regarde, signé Grizière, du cap de Bonne-Espérance. Arrêtez procès. Moi ni mort ni fou. Été prisonnier chez Hottentots. Vieux papiers causés erreur. Arrive incessamment, léguer fortune à Marie dont tant aimé mère que vous m'avez refusée.

MARIE

Je n'ai pas bien entendu la fin.

DUPRÉLOIS

C'est inutile. Ce sont des choses entre nous.

MARIE

Je t'avais bien dit que tu ne te marierais pas...

DUPRÉLOIS

C'est vrai. Ouf! Mais non, sac à papier, je ne puis plus retirer ma proposition, ma parole est engagée.

MARIE

Il y a encore une lettre.

DUPRÉLOIS

Marche. — Ça y est. — Judith de Boissenage. — Judith!! — Enfin. — Monsieur et cher ami. — Permettez-moi de vous donner ce dernier titre. — Votre démarche m'a vivement touchée. — Donne-moi un fauteuil, mon enfant, mes jambes flageollent... Votre démarche m'a vivement touchée. — J'apprécie votre caractère et votre procédé. Et je vous offre ma main... C'est fini... en gage de sympathie et d'admiration. — Seulement nous ne nous marierons pas. — Mon fils vient d'obtenir une concession de chemin de fer. Son avenir est assuré. Moi j'ai de quoi vivre et si vous voulez venir vous asseoir quelquefois au coin de mon feu, je serai heureuse de causer avec vous, car si l'amour n'a qu'un temps l'amitié est de tous les âges. — Quant à la fortune de Mlle Marie, je suis tranquille. — Je viens d'apprendre que M. de Grizière n'était pas mort. — A revoir, bientôt j'espère. — Mais elle est charmante, cette femme. Marie, donne-moi vite le bouquet que tu avais tout à l'heure à la main. Je vais le lui envoyer.

MARIE
Quel bouquet, grand-papa.

DUPRÉLOIS
Le tien, parbleu.

MARIE
Mais c'est que je ne l'ai plus.

DUPRÉLOIS
Par où s'est-il envolé ?

MARIE

Je l'ai fait remettre à Édouard qui était en bas.

DUPRÉLOIS

Et c'est comme cela que tu veux en épouser un autre; tu ne l'as pas laissé monter.

MARIE

Non.

DUPRÉLOIS

Embrasse-moi. — Seulement fais-moi l'amitié de te marier au plus vite. — Car vraiment, tu me fais faire un service au-dessus de mes forces.

MARIE

Je me marierai quand tu voudras, grand-papa, mais à la condition que tu viendras demeurer avec nous. Je crois, vois-tu, que je t'aime encore plus qu'Édouard...

DUPRÉLOIS

Voilà une bonne parole. Merci. Veux-tu me faire encore une grâce?

MARIE

Laquelle.

DUPRÉLOIS

Laisse-moi aller me coucher. Je suis rendu.

MARIE

Adieu, grand-papa. Je vais seulement dans la chambre écrire à Édouard.

DUPRÉLOIS

Pour cela tu n'as pas besoin de moi. Moi, je vais dormir.

TABLE

Miguel, par Henri Melhac....................	3
Du Berger à la Bergère, par Julien Berr de Turique.	49
Refrain d'Antan, par Ernest Lepré.............	75
Entre Sœurs, par Paul Gaulot..................	97
Les Petites Accordailles, par Emile Abraham....	117
Le Destin, par Daurian........................	155
Le Mariage aux Lilas, par René Delorme........	179
Echec et Mat, par Philippe de Rouvre..........	205
Le Carnet, par Fernand Giraudeau.............	243
Le Grand-Père, par le vicomte Sollohub........	283

Tours. — Imprimerie DESLIS FRÈRES, 6, rue Gambetta.

LIBRAIRIE PAUL OLLENDORFF
50, Chaussée-d'Antin, PARIS

THÉÂTRE DE CAMPAGNE, recueil de comédies de salon (8 séries ont paru). Chaque série formant 1 vol. grand in-18 est vendue séparément... 3 fr. 50

AILLEURS, revue symbolique du *Chat Noir*, par Maurice Donnay, in-18.. 2 fr. »

LA PEUR DE L'ÊTRE, comédie en trois actes, par Émile Moreau et Pierre Valdagne (*Menus-Plaisirs*), in-18........ 2 fr. »

LA MARIÉE RÉCALCITRANTE, comédie bouffe en trois actes, par Léon Gandillot (*Déjazet*), in-18....................... 2 fr. »

MUSOTTE, pièce en trois actes, par Guy de Maupassant et Jacques Normand (*Gymnase*). in-18..................... 3 fr. 50

« ALLO ! ALLO ! » comédie en un acte, par Pierre Valdagne (*Vaudeville*), in-18. Prix...................... 1 fr. 50

LA MAISON DES DEUX BARBEAUX, comédie en trois actes, par A. Theuriet et H. Lyon (*Odéon*). in-18............... 2 fr. »

LE MARIAGE DE BARILLON, vaudeville en trois actes, par G. Feydeau et M. Desvallières (*Renaissance*)........... 2 fr. »

LE COLONEL ROQUEBRUNE, drame en cinq actes et six tableaux, par Georges Ohnet (*Porte-Saint-Martin*), in-18.... 2 fr. »

LES FEMMES COLLANTES, comédie bouffe en cinq actes, par Léon Gandillot (*Déjazet*), in-18........................... 2 fr. »

COQUIN DE PRINTEMPS, vaudeville en quatre actes, par Ad. Jaime et G. Duval (*Folies-Dramatiques*)................ 2 fr. »

MATAPAN, comédie en trois actes, en vers, par Émile Moreau, in-18..... 2 fr. »

LE BAIN DE LA MARIÉE, comédie bouffe en un acte, par G. Astruc et P. Soulaine (*Palais-Royal*). in-18.......... 1 fr. 50

LA COMTESSE SARAH, pièce en cinq actes, par Georges Ohnet (*Gymnase dramatique*), in-18................. 2 fr. »

SERGE PANINE, pièce en cinq actes, par Georges Ohnet (*Gymnase*), in-18. 2 fr. »

LE MAITRE DE FORGES, pièce en quatre actes et cinq tableaux, par Georges Ohnet (*Gymnase*), in-18............. 2 fr. »

LA GRANDE MARNIÈRE, drame en huit tableaux, par Georges Ohnet (*Porte-Saint-Martin*), in-18........... 2 fr. »

LES AMIS, comédie en deux actes, par Abraham Dreyfus (*Théâtre Antoine*), in-18 (couvert. illustrée)........ 1 fr. 50

SMILIS, drame en quatre actes, en prose, par Jean Aicard (*Comédie-Française*), in-18........................ 2 fr.

UN CRANE SOUS UNE TEMPÊTE, comédie, par Abraham Dreyfus (*Odéon*), in-18..................... 2 fr.

L'ASSASSIN, comédie en un acte, par E. About (*Gymnase*), in-18...... 1 fr.

UNE MATINÉE DE CONTRAT, comédie un acte, par Maurice Desvallières (*Comédie-Française*)........... 1 fr.

L'ENLÈVEMENT DE SABINE, comédie en trois actes, par Léon Gandillot (*Cluny*). in-18.................. 2 fr.

UNE CONVERSION, comédie en un acte, Ch. de Courcy (*Comédie-Française*), in-18....................... 1 fr.

BONHEUR A QUATRE, comédie en trois actes, par Léon Gandillot (*Vaudeville*), in-18................ 3 fr. »

LES CONVICTIONS DE PAPA, comédie un acte, par E. Gondinet (*Palais-Royal et Gymnase*), in-18......... 1 fr. »

LE PAIN DE MÉNAGE, comédie en un acte par Jules Renard, in-16 (couvert. illustrée).................. 2 fr.

LA PHILIPPINE, comédie en un acte, Abel Hermant, in-16 (couv. ill.). 2 fr.

L'ÉCOLE DES FLIRTS, comédie en scènes, par Michel Provins (*Théât. d'Application*), in-16 (couv. ill.). 2 fr.

LA PETITE FAMILLE, comédie en un acte par Maurice Vaucaire (*Comédie-Parisienne*), in-18................. 1 fr.

TROIS FEMMES POUR UN MARI, comédie bouffe en trois actes, par E. Grenet-Dancourt (*Cluny*), in-18...... 2 fr.

UN BON AMI, comédie en un acte, par Adolphe Aderer (*Vaudeville*), in-18... 1 fr.

L'AGNEAU SANS TACHE, comédie en un acte en prose, par Armand Ephraim Adolphe Aderer (*Odéon*), in-18. 1 fr.

LA GIFLE, comédie en un acte, par Abraham Dreyfus (*Palais-Royal*), in-18. 1 fr.

DE FIL EN AIGUILLE, pièce en quatre journées, par Léon Gandillot (*Théât. d'Application*), un vol. in-18.. 3 fr.

THÉÂTRE COMPLET d'Ernest Legouvé de l'Académie française, 3 vol. paris gr. in-18, chaque vol........ 3 fr. 50

Tours. imprimerie Deslis Frères. 6, rue Gambetta.

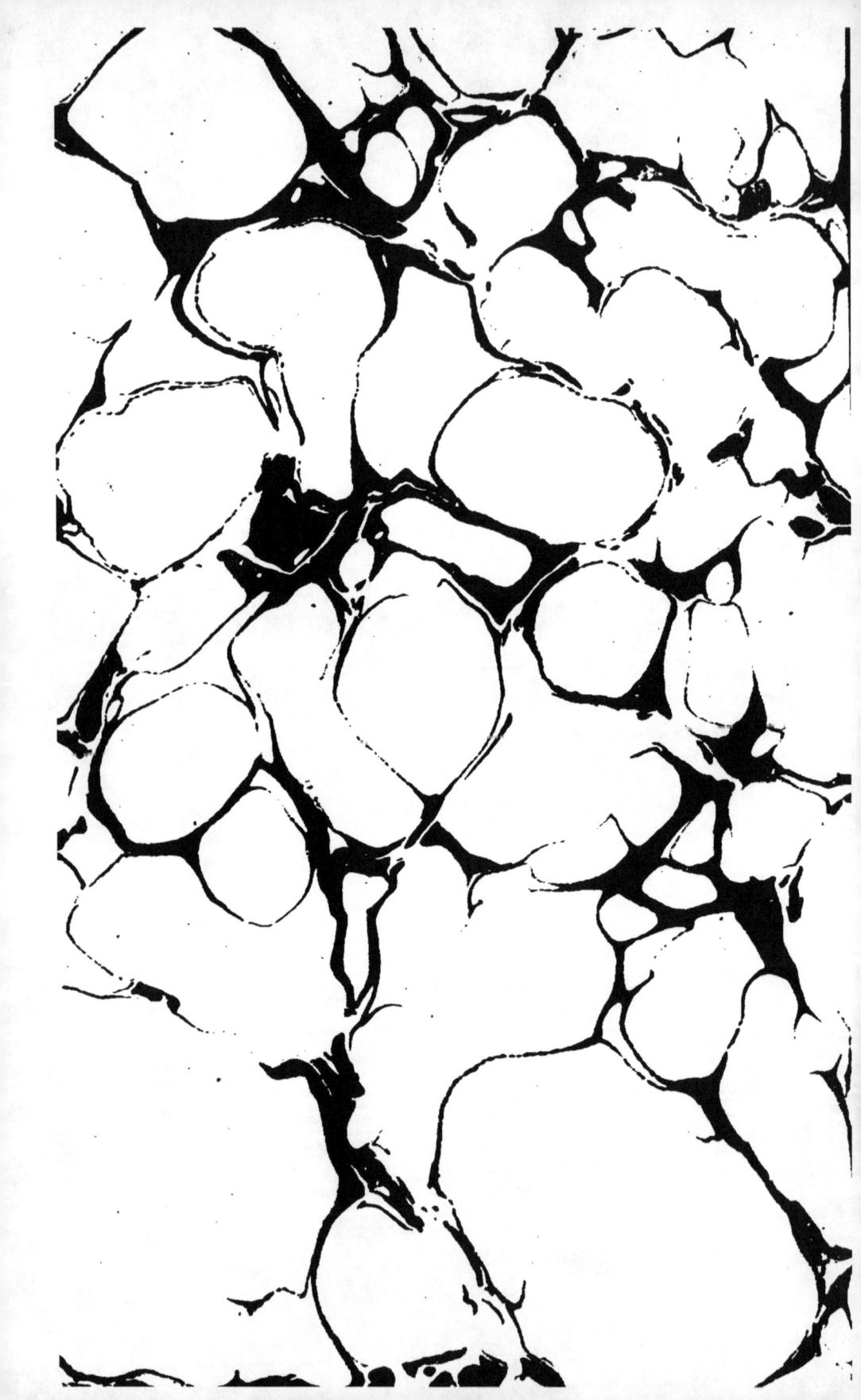

www.ingramcontent.com/pod-product-compliance
Lightning Source LLC
Chambersburg PA
CBHW060514170426
43199CB00011B/1449